창조 세계의 과학적 증거들

GUIDE TO CREATION
by Institute for Creation Research

Copyright ⓒ 2013 by Institute for Creation Research
Published by Harvest House Publishers
Eugene, Oregon 97402
www.harvesthousepublishers.com
All rights reserved.

Korean Edition published by Word of Life Press, Seoul, 2016
Translated and published by permission.
Printed in Korea.

창조과학백과

ⓒ 생명의말씀사 2016

2016년 5월 30일 1판 1쇄 발행
2023년 10월 4일   7쇄 발행

펴낸이 ┃ 김창영
펴낸곳 ┃ 생명의말씀사

등록 ┃ 1962. 1. 10. No.300-1962-1
주소 ┃ 서울시 종로구 경희궁1길 6 (03176)
전화 ┃ 02)738-6555(본사) · 02)3159-7979(영업)
팩스 ┃ 02)739-3824(본사) · 080-022-8585(영업)

기획편집 ┃ 유선영, 정설아
디자인 ┃ 김혜진, 윤보람
인쇄 ┃ 영진문원
제본 ┃ 다인바인텍

ISBN 978-89-04-16546-9 (04230)
ISBN 978-89-04-70026-4 (세트)

저작권자의 허락 없이 이 책의 일부 또는 전체를
무단 복제, 전재, 발췌하면 저작권법에 의해 처벌을 받습니다.

GUIDE TO CREATION

창조과학 가이드

미국창조과학연구소(ICR) 지음
정병갑 옮김
(고신대학교 의생명과학과 교수,
한국창조과학회 부회장)

창조과학백과

창조 세계의 과학적 증거들

창조 VS 진화

생명의말씀사

추천사

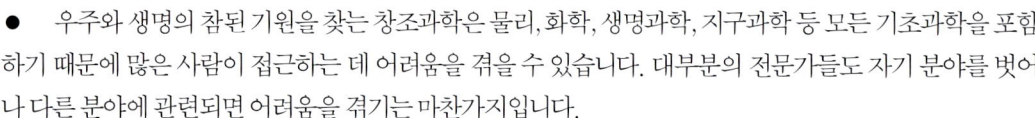

권진혁 교수
영남대학교 물리학과

● 우주와 생명의 참된 기원을 찾는 창조과학은 물리, 화학, 생명과학, 지구과학 등 모든 기초과학을 포함하기 때문에 많은 사람이 접근하는 데 어려움을 겪을 수 있습니다. 대부분의 전문가들도 자기 분야를 벗어나 다른 분야에 관련되면 어려움을 겪기는 마찬가지입니다.

이 책은 설명이 간결하고 시각 자료가 매우 뛰어나 이러한 어려움을 극복할 수 있게 해줍니다. 특히, 그랜드 캐니언 지층과 미국의 광대한 퇴적층에 대한 자료는 노아 대홍수의 규모를 쉽게 이해할 수 있게 해줍니다. 많은 사람이 어떻게 한 번의 홍수로 전 세계적인 지층과 화석이 형성될 수 있는지 의문을 가지고 있는데, 노아의 대홍수가 상상을 초월한 전 지구적 규모임을 보여 주는 내용을 보면 의문을 해결할 수 있을 것입니다. 그리고 생물의 진화가 왜 불가능한지, 생체 모방 공학이란 무엇인지에 대해서도 쉽게 이해할 수 있을 것입니다. 중간 화석의 부재, 화석의 생성 원인과 의미에 대한 자료는 생명의 기원이 진화가 아니라 창조로부터 올 수밖에 없다는 사실을 간결하면서도 명확하게 보여 줍니다.

이 책은 학생에서 전문가에 이르기까지 창조과학의 다양한 분야를 종합적으로 접근하게 해줄 것입니다.

김영길 박사
한동대학교 전 총장

● 집집이 수십 권짜리 백과사전 한 질 정도는 거실 책장에 꽂혀 있던 시절이 있습니다. 그런데 이제는 그런 두껍고 무거운 백과사전들은 책장을 장식하는 용도로조차 사용하지 않는 시대가 되었습니다. 궁금한 것이 있으면 손쉽게 인터넷으로 검색할 수 있기 때문입니다. 우리에게 백과사전은 좀 고리타분한 느낌을 주는 존재가 되고 만 것 같습니다. 하지만 모니터를 통해 쉽고 간단하게 검색한 정보들은 쉽게 잊히기에 십상입니다. 책장을 넘겨 가며 책의 내용을 눈과 마음에 새기는 좋은 습관을 아주 버리지는 않았으면 좋겠습니다.

미국창조과학연구소(ICR, Institute for Creation Research)의 훌륭한 집필진들이 펴낸 본서는 여러 시리즈 중 첫 책인 것으로 압니다. 내 삶의 대부분을 과학을 연구하는 사람으로 살아오면서, 과학을 통해 오히려 하나님의 위대한 창조 세계를 오감으로 느끼고, 또 그 경이로운 하나님의 섭리에 탄복하게 됩니다. 그 생생한 증거들을 이 책 속에서 글과 그림, 사진 등의 자료들로 확인하는 것은 참으로 반가운 일이 아닐 수 없습니다. 하나님과 세상을 배워 가는 아이들에게, 또 하나님의 창조를 믿기 어렵다고 하는 이들에게 좋은 가이드가 되어 주리라 기대합니다.

추천사

김형기 목사
한국창조과학회 사무처장

● 온 세상이 진화되었다고 생각하는 사람과 창조되었다고 생각하는 사람의 삶은 분명한 차이가 있습니다. 그 차이는 그 사람 평생의 삶에 영향을 주게 되어 있습니다. 이번에 출판된 『창조과학백과』는 우리의 시선을 창조에 맞추고 있습니다. 여러 분야에서 확인된 사실들을 근거로 과학을 보는 눈을 정리해 주고, 과학을 도구로 하나님을 볼 수 있게 해주고 있습니다. 우리의 소중한 자녀들이 하나님의 눈으로 세상을 볼 수 있도록 인도해 주는 본서를 기쁘고 행복한 마음으로 추천합니다.

박창성 목사
선교학 박사, 세계창조선교회 회장, 명지대학교 객원 교수

● 인간은 진리를 알고 싶어 합니다. 진리의 원천이신 하나님은 인간이 진리를 깨달을 수 있도록 이성을 부여해 주셨습니다. 그 이성을 도구로 사용하여 피조물을 연구하는 것이 과학입니다. 그렇다면 과학은 마땅히 창조주 하나님의 영광을 증거해야 할 것입니다.

그러나 오늘날의 과학은 그렇지 않습니다. 모든 것이 자연 현상만으로 생겨났다고 주장하며, 오히려 그 피조물을 하나님의 존재를 부인하는 핑계로 이용하고 있습니다. 그 잘못된 방향으로 들어선 주장이 바로 진화론입니다. 대부분의 학교에서 진화론을 마치 진리인 것처럼 가르치고 있는 이 시대는, 불신앙의 늪에 깊이 빠져 있는 인간의 모습을 여실히 보여 주고 있습니다.

대부분의 과학자가 진화론을 받아들이고 진리가 꺼져 갈 듯 위태로운 이때에, 홀연히 등장하여 창조론을 부활시킨 과학자가 있습니다. 바로 헨리 모리스 박사입니다. 믿음의 용사, 모리스 박사가 설립한 미국창조과학연구소(ICR)에서 발행한 『GUIDE TO CREATION』이 한국어판으로 나오게 된 것은 매우 고무적인 일입니다. 특히 저는 ICR에서 교육을 받고 진화론자에서 창조론자로 전향하여, 창조과학 전문 사역자가 된 인연이 있기에 더욱 반갑습니다.

『창조과학백과』는 지금까지 창조과학자들이 연구한 내용을 총망라하여 한눈에 볼 수 있도록 정리한 책입니다. 성경의 기록이 사실임을 명백히 보여 주는 귀한 사진 자료들이 많이 수록되어 있어, 독자들이 이해하기 쉽고, 신앙에 큰 도움이 되리라 확신합니다.

유병진 박사
명지대학교 총장

● '창조'와 '과학'이란 두 단어는 서로 상충하는 것처럼 들립니다. 왜냐하면, 창조는 단지 믿음에서 온 것이고, 과학은 실험을 거친 이성적이고 합리적인 것이라는 선입견이 있기 때문입니다. 그러나 과학도 창조의 질서를 탐구하여 자연을 잘 관리하도록 하나님이 주신 선한 도구입니다.

과학으로 보나 역사로 보나 성경은 영원한 진리이신 하나님의 말씀입니다. 이 책은 성경에서 말씀하고 있는 창조의 진리를 과학으로도 쉽게 이해할 수 있도록 천문학, 지질학, 생물학 등 다양한 과학 분야의 증거들을 구체적으로 제시하고 있습니다.

이 책은 나이나 전공에 상관없이 누구나 창조론을 이해하는 데 도움이 될 것입니다. 특별히 창조와 진화 사이에서 혼란해 하는 많은 분이 창조의 진리를 깨닫고, 신앙의 기초를 세우는 데 유익한 책이 되리라 믿습니다.

이웅상 교수
명지대학교 교수/교목, 전 한국창조과학회 회장

● 이 책은 천문학, 지질학, 물리학, 생물학 등 과학의 전 분야에서 볼 수 있는 과학적 증거들을 사용하여, 하나님의 창조의 증거와 진화론의 문제점을 쉽게 설명하고 있습니다. 이를 통해 성경이 얼마나 정확한 진리의 말씀인지, 창조신앙을 회복하는 것이 얼마나 중요한 일인지 깨닫게 합니다. 진화론에 기초한 현대 과학으로 인해 신앙적 갈등을 겪고 있는 분들이 이 책을 통해 창조에 대한 확신을 얻으리라 믿으며 이 책을 추천합니다.

이은일 교수
고려대학교, 한국창조과학회 회장

● 한마디로 놀라운 책입니다. 좋은 그림과 글로 가득 차 있어 글을 읽으면서 마치 "바베트의 만찬"에 참여하여 즐기는 사람이 된 것 같은 기분이 듭니다. "바베트의 만찬"은 필립 얀시의 『놀라운 하나님의 은혜』에도 소개된 예화입니다.

딱딱한 종교적인 율법과 반목에 쌓인 한 마을에 도망자 신세가 된 유명한 요리사 바베트가 들어옵니다. 파리에서 자유로운 생활을 했던 바베트는 억압되어 있는 마을에서 숨죽이고 살아야 했습니다. 많은 시간이 지난 후 바베트는 고향으로 돌아가게 되었는데, 그는 가기 전에 자신을 숨겨 준 마을 사람들에게 좋은 선물을 하고 싶었습니다. 그리하여 그는 혼신의 힘을 다해 진기한 요리로 만찬을 차렸습니다. 종교적 전통과는 어긋나는 요리였지만, 그 요리들은 정말 맛있었습니다. 마을 사람들은 만찬을 즐기면서 그들이 가지고 있던 선입관, 전통, 편협함, 불신을 내려놓고 감사와 기쁨의 잔치를 경험하고 변화하게 되었습니다.

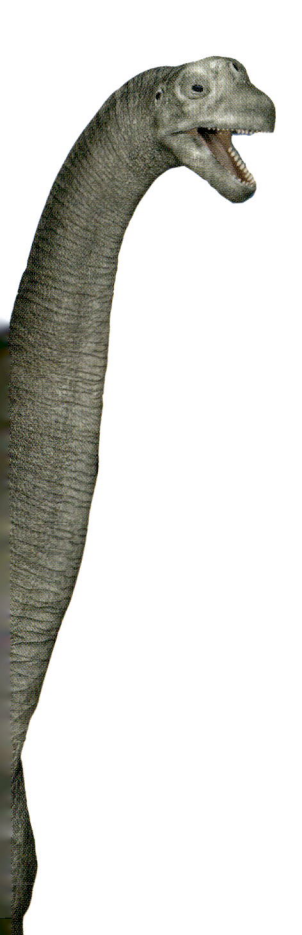

사람을 변화시키는 것은 율법이 아니라 은혜입니다. 창조과학은 좀 딱딱하게 느껴지는 것이 사실입니다. 진화론이라는 학설을 성경 말씀과 과학 이론으로 정교하게 비판해야 하기 때문입니다. 좋은 음식이라고 사람들이 잘 먹는 것이 아니라, 맛있는 음식이어야 사람들이 즐기고 먹을 수 있습니다. 창조과학도 딱딱하고 좋은 음식이 아니라, 부드럽고 맛있는 음식처럼 사람들이 즐길 수 있으면 좋겠습니다.

『창조과학백과』의 저자들은 최신 과학의 내용을 담았으면서도 많은 그림과 삽화를 통해 동화책처럼 이 책을 만들었습니다. 마치 몸에 좋지만 딱딱한 음식 재료를 부드럽고 맛있는 음식으로 요리한 멋진 셰프처럼 그 역할을 훌륭하게 해주었습니다. 그뿐만 아니라 이 책의 글은 외국에서 온 책처럼 느껴지지 않고 우리나라에서 만든 책처럼 느껴집니다. 번역을 하신 정병갑 교수님 역시 저자처럼 놀라운 셰프의 역할을 해주셨습니다. 모든 분이 이 책을 맛있는 요리처럼 즐기면서 읽으셨으면 좋겠습니다. 특별히 어린이와 청소년들에게는 진화론에 대항할 수 있도록 면역력을 키워 주는 좋은 책이 되길 소망합니다. 또한, 이 책을 통해 과학에 흥미를 갖고 하나님의 창조 질서를 연구하는 과학 꿈나무도 탄생하길 기대합니다.

이찬수 목사
분당우리교회 담임

● 복음을 전해 본 사람들은 비슷한 경험이 있겠지만, 하나님을 모르는 사람들은 이 세상이 그저 아주 오래전 우주에서 빅뱅 같은 폭발이 일어나 생겨났고, 단세포들이 어찌어찌 발전하여 고등 생물이 된 것쯤으로 믿고 있는 경우가 많습니다. 정말 제대로 알고 나면 정교한 이 세상이 진화라는 허구에서 출발했다는 것을 이해하기가 더 어려운데 말입니다.

사실 믿음이 있는 우리도 눈에 보이는 물질세계의 변화와 움직임에 대해서는 TV 다큐멘터리 프로그램이 가르쳐 주는 정도만 알고 있는 수준이 아닐까요? 창조과학은 믿지 않는 이들에게는 물론, 믿음이 있는 이들에게도 중요한 지식이 아닐까 싶습니다. 우리가 믿는 하나님이 영의 세계를 다스리신다는 사실 뿐 아니라 우리가 사는 이 세계를 어떤 질서와 원리로 다스리시는지를 제대로 안다면, 우리는 더욱 하나님을 신뢰하고 사랑하게 될 것입니다.

이 책은 단지 과학의 범주에서 하나님의 창조를 설명하기보다 과학의 세계 자체가 어떻게 하나님께 속한 것인지를 다양한 자료와 연구 결과로 제시하고 있습니다. 특별히 아직도 우리 자녀들이 이미 거짓과 오류로 검증된 진화론적 과학 교육을 받고 있다는 현실에 안타까운 마음이 들었습니다.

부디 부모와 교사들이 하나님의 창조를 무조건 믿기보다는 탐구하고 연구하여 우리 자녀들에게 바른 세계관을 심어 주고, 더욱 견고한 믿음의 길을 걷게 되기를 바랍니다. 이 책이 그 길을 걷는 데 길잡이가 되리라 기대합니다.

한윤봉 교수
전북대학교, 세계 100대 과학자

● 어릴 때부터 학교에서 과학 시간에 받은 진화론 교육의 영향으로 사람들은 '진화론적 세계관'으로 세상을 판단하곤 합니다. 어린이들을 위한 교육 매체와 TV 프로그램에서부터 청소년과 어른들을 위한 다양한 교육과 대중 매체에 이르기까지 모든 것이 진화론 일색입니다. 따라서 사람들은 '진화론은 곧 과학'이라고 믿는 반면, '하나님의 전지전능하심과 창조주'되심은 믿지 않습니다. 이런 이유로 많은 사람이 신앙을 버리고 교회를 떠나고 있습니다. 믿음이 좋은 기독교인들마저도 창조론과 진화론을 결합한 다양한 타협 이론을 주장하면서 성경적 복음주의 신앙의 기초를 허물고 있습니다.

교회마다 예수 그리스도를 통한 구원신앙에 대해 많은 교육과 훈련을 하고 있습니다. 그러나 정작 신앙의 기초인 창조신앙 교육은 제대로 이루어지지 못하고 있습니다. 하나님이 인간을 창조하지 않으셨다면, 예수님은 이 땅에 오실 필요가 없으셨을 것입니다. 안타까운 사실은 예수 그리스도를 통한 구원은 성경에 기록된 대로 가르치면서, 천지 만물과 인간을 창조하신 일들을 기록한 창세기의 내용은 성경에 기록된 대로 가르치지 못하고 있다는 점입니다. 그 이유는 앞서 지적한대로 '진화론 = 과학'이란 믿음 때문입니다.

첨단 과학이 놀라울 정도로 빠르게 발전하는 이 시대에 기독교인들에게 필요한 것이 있다면, 바로 과학적 사실을 근거로 창조론과 진화론의 옳고 그름을 분별하는 데 도움이 되는 '길잡이'일 것입니다. 『창조과학백과』는 지구과학, 물리학, 생명과학에 관련한 다양한 자료와 과학적 연구 결과들을 바탕으로, 진화론과 창조론을 종합적으로 비교하고 분별할 수 있도록 알기 쉽게 정리한 책입니다. 이 책을 통해 창세기를 기록된 대로 믿지 못하여 창조주 하나님에게서 돌아섰던 사람들은 성경적 창조신앙이 회복되고, 믿음이 연약한 사람들은 강건한 믿음으로 거듭나는 은혜가 있길 기대합니다.

역자 서문

대학에서 창조과학 과목 강의 첫 시간에나 처음 강의를 요청한 곳에 가서 특강을 할 때는 다음과 같은 질문으로 시작한다.

"여러분! 우리 몸의 외부 표면 중에서 기름기가 가장 많은 곳이 어디인 줄 아십니까?"
"……."
잠잠하다. 그러다가 용기 있는 한 사람이 대답한다.
"코요!"
"음……." 내가 뜸을 들이면, 곧 여기저기서 외친다.
"이마요!"
"머릿속이요!"
"정답은 항문 주변입니다."
내 대답에 모두 눈이 휘둥그레진다.
"잘 믿어지지 않는 모양인데요. 오늘 저녁에 샤워하면서 한번 만져 보세요. 미끌미끌합니다!"
"하하하하!"

항문 주변에 왜 기름기가 많아야 하는지, 항문 주변에 기름기가 없으면 어떠한 일이 일어나는지, 하나님이 어떤 목적으로 항문 주변에 기름기가 많도록 하셨는지 설명하면 많은 사람이 고개를 끄덕인다. 그러면 이어서 이렇게 묻는다.

"진화론에서는 사람이 유인원에서 진화되었다고 합니다. 유인원은 꼬리가 있지만, 사람은 꼬리가 퇴화하여 없어지고 흔적으로 남은 것이 꼬리뼈라고 합니다. 여러분의 꼬리뼈가 어떤 기능을 할까요?"
"……."
역시 잠잠하다. 그런데 이번에는 아무도 대답을 하려고 하지 않는다.
"여러분이 화장실에서 큰일 볼 때 중간에 한 번씩 자르지요?"
이번에도 모두 황당하다는 표정으로 나를 다시 쳐다본다. 그럴 때는 앞쪽에 앉은 분들을 가리키며 이렇게 묻는다.
"이쪽에 앉은 분들은 자르지 않고 계속 열어 두세요?"
"하하하하!"
"호호호호!"
"키득키득키득……."
이번에는 대부분의 청중이 웃는다. 분위기가 좋아진다.

"꼬리뼈는 우리가 의자에 앉아 있을 때 몸의 중심을 잡는 역할도 하지만 화장실에서 큰일 볼 때 중간에 자를 수 있도록 하는 역할도 합니다. 항문을 조이는 근육이 꼬리뼈에 붙어 있기 때문입니다. 꼬리뼈가

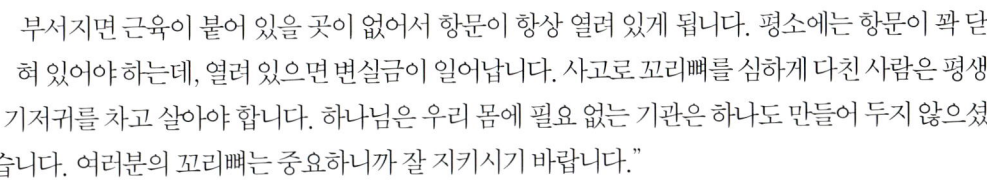

부서지면 근육이 붙어 있을 곳이 없어서 항문이 항상 열려 있게 됩니다. 평소에는 항문이 꽉 닫혀 있어야 하는데, 열려 있으면 변실금이 일어납니다. 사고로 꼬리뼈를 심하게 다친 사람은 평생 기저귀를 차고 살아야 합니다. 하나님은 우리 몸에 필요 없는 기관은 하나도 만들어 두지 않으셨습니다. 여러분의 꼬리뼈는 중요하니까 잘 지키시기 바랍니다."

이때쯤이면 거의 모든 사람이 표정이 밝아지고 고개를 끄덕끄덕하면서 강의에 관심을 가지고 집중하게 된다.

창조과학 특강을 재미있게 이끌어 가려는 방법이지만, 실제로 모든 생물뿐만 아니라 사람의 몸에 대해 공부하다 보면 하나님이 얼마나 신비하고 오묘하게 설계하셨는지 점점 더 깊이 깨닫게 된다. 지난 30년간 대학에서 창조론 세계관에 입각하여 학생들에게 생명과학과 창조과학을 가르치면서, 중고등학교 시절에 세뇌된 학생들의 세계관을 바꾸는 것이 얼마나 어려운 일인지 절감하고 있다. 주관이 뚜렷한 학생들은 특히 더 도전적이고 공격적인 자세로 질문을 던지곤 한다.

그렇다고 학생들에게 창조론을 강요하거나, 성경을 억지로 믿게 하려고 하면 오히려 부작용이 더 크다는 것을 자주 경험했다. 이런 학생들에게는 성경에 기록된 하나님의 창조 사역을 먼저 설명하고 생물과 세포에서 나타나 보이는 정밀한 협조 체제, 한 치의 오차도 없이 정확하게 작동하는 생물 세계의 법칙을 설명한다. 그리고 진화론이 어떻게 조작되었는지, 어떻게 잘못되었는지를 설명하면 학생들 대부분이 진화론이 과학적 근거가 있는 것이 아니라는 사실을 받아들이고 창조론을 믿게 되는 경우를 많이 보았다.

창조과학 강의를 하면서 많은 학생과 교인이 창조과학은 창조를 과학적으로 설명하는 학문으로 잘못 알고 있다는 것을 알았다. 하나님의 창조는 과학적으로 증명될 수 없다. 하나님의 창조 사역이 과학보다 우위에 있기 때문이다. 하나님은 과학 법칙을 만드신 분이고 그것을 다스리시는 분이다. 따라서 창조를 설명하면서 과학 지식을 너무 많이 사용하여 이성적이고 과학적으로 설명하는 것은 좋은 방법이라고 할 수 없다. 오히려 한발 물러서서 객관적으로 바라보고 생각할 수 있도록 하는 것이 훨씬 더 효과적이다.

창조과학을 가르치거나 특강을 하면서 과학적인 내용으로 설명할 때가 있다. 그 이유는 진화론자들이나 무신론자들이 진화론은 과학적이라고 주장하기에 거기에 대응하고자 함이다. 특히 중고등학교 과학 시간에 진화론을 배운 학생들은 진화론이 과학적이라고 믿기에, 이들을 깨우치려면 일부 과학적인 설명을 사용할 수밖에 없다. 다시 말하면, 학생들의 이성을 깨우치는 방법의 하나로 과학이라는 도구를 사용하여 하나님의 창조를 설명하는 것일 뿐, 과학이 창조를 증명할 수 없음은 당연한 일이다.

창조과학은 성경이 사실이고 하나님의 창조가 실제로 있었던 하나님의 사역임을 믿는 데서 출발한다. 만물이 창조되었음을 믿음으로 믿지만, 과학적으로 볼 때도 사실이라는 점을 설명하는 것이 창조과학이다.

최근 한국교회에 문제가 되는 것은 유신진화론이다. 유신진화론은 하나님도 믿고 진화론도 믿는 것이다. 진화론은 과학적이므로 신앙과 과학을 잘 조화시키는 것이 차원 높은 믿음이라는 것이다. 유신진화론자들은 성경을 믿지 않는다. 성경에는 분명히 "태초에 하나님이 천지를 창조하시니라"(창 1:1)라고 기록되어 있다. 이 말씀을 믿지 않는 것이 유신진화론이다. 하나님은 믿는데 성경은 믿지 않는 것이 말이 되는가? 하나님은 믿는데 하나님의 창조는 믿지 않고, 예수님은 믿는데 예수님의 말씀은 믿지 않는 것이 유신진화론이다. 유신진화론은 교회 안에 침투한 사탄의 전략이 분명하다. 유신진화론자들은 특히 교회 안의 지식인들을 통하여 성경을 믿지 않도록 유도하고 있다.

한국창조과학회는 성경이 사실이고 하나님의 창조가 사실이라고 믿는 단체다. 또한, 교회를 돕고 목사님들의 목회를 돕는 단체다. 요즘 복음 전하기가 얼마나 어려운 세상인가? 이처럼 복음을 잘 받아들이지 않는 사람들에게 하나님이 우리를 얼마나 소중한 존재로 창조하셨는지, 하나님의 창조 사역이 얼마나 틀림없는지를 설명하면서 복음을 전하면 훨씬 효과적일 수 있다. 따라서 한국창조과학회는 교회가 창조과학을 잘 사용하여 주기를 기다리고 있다.

이 책은 저명한 미국창조과학연구소(ICR) 과학자들과 신학자들이 정성 들여 집필한 책이다. 하나님의 창조 사역을 지구과학, 물리학, 생명과학의 증거들을 사용하여 설명하고 있지만, 그 배경에는 성경이 얼마나 정확한 말씀인지 성경 기록을 근거로 모든 내용을 설명하고 있다. 특히 창조신앙을 회복하는 것이 얼마나 중요한지를 설명하고 있어서, 창조과학을 공부하려는 학생들과 일반인들에게 매우 좋은 책이 되리라 생각된다.

성경은 하나님의 말씀이 기록된 책이다. 성경에는 하나님이 엿새 동안에 만물을 창조하셨고, 특히 인간을 하나님의 형상대로 창조하셨다고 분명하게 기록되어 있다. 세상의 어떤 종교도 만물의 기원과 인간이 이 세상에 어떻게 존재하게 되었는지를 설명하고 있지 않다. 유일하게 성경만이 만물이 우주에 어떻게 존재하게 되었는지, 사람이 어디서 왔고 살아가는 목적이 무엇인지를 설명하고 있다.

이 책을 번역하면서 하나님의 창조 섭리를 정확한 말로 풀어내고 어려운 과학 용어와 설명을 독자들이 이해할 수 있도록 될 수 있으면 쉽게 번역하려고 노력했다. 이 책이 중고등학생과 대학생은 물론 일반인과 목회자, 교회학교 교사에 이르기까지 넓게 읽히는 창조과학 입문서가 되었으면 좋겠다. 특히 생생한 사진과 그림은 앞으로 창조과학 특강을 하는 강사들에게 참고하기 좋은 자료가 될 것이다.

이 책으로 인해 창조주 하나님의 창조 섭리가 널리 증거되고, 성경이 사실임을 믿는 사람들이 많아지며, 진화론으로 고민하는 학생들이 창조를 믿는 역사가 일어나길 소망한다. 하나님의 말씀은 능력이 나타나기 때문이다.

"하나님의 말씀은 살아 있고 활력이 있어 좌우에 날 선 어떤 검보다도 예리하여 혼과 영과 및 관절과 골수를 찔러 쪼개기까지 하며 또 마음의 생각과 뜻을 판단하나니"(히 4:12).

정병갑
고신대학교 의생명과학과 교수
한국창조과학회 부회장

목차

추천사 — 4
역자 서문 — 10

I. 창조로의 초대
왜 창조를 공부해야 하는가? — 18
어떻게 답을 찾을 것인가? — 20
태초에 — 22

II. 지구과학의 증거
대홍수가 열쇠다 — 26
성경에 기록된 대홍수 — 28
대륙에 걸쳐 넓게 관찰되는 홍수 퇴적물 — 30
대홍수는 대격변 사건이었다 — 32
그랜드캐니언 — 34
홍수로 형성된 화석 — 36
화석 기록 — 38
화석에 남아 있는 조직 — 40
판구조론 — 42
세인트헬렌스 산 — 44
빙하기 — 46
전 세계의 홍수 전설 — 48
방사성 탄소 연대측정법 — 50
방사성 동위원소 연대측정법 — 52

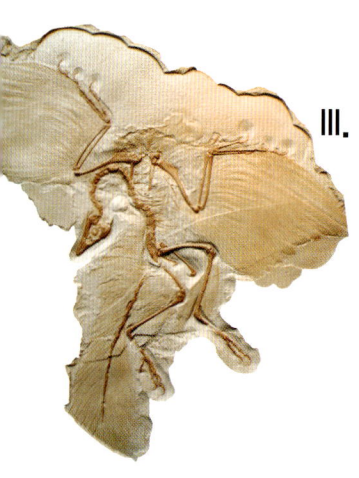

III. 물리학의 증거
하나님이 만드신 물리학 법칙 — 56
빅뱅 이론의 문제점 — 58
젊은 태양계 — 60
태양과 별 — 62
젊은 우주 — 64
자연적 설명만으로는 이해할 수 없는 외계 — 66
별빛과 시간 — 68

IV. 생명과학의 증거

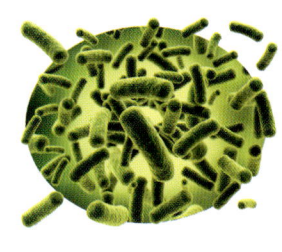

생물의 절대적 설계	72
생물의 상호 의존	74
무한한 세포의 세계	76
생물의 변화	78
종류 내의 변이	80
산호랑나비의 변이	82
생체 모방–하나님의 설계를 모방하는 사람들	84
성경에 나타난 공룡	86
공룡과 용의 전설	88

V. 신화와 오류

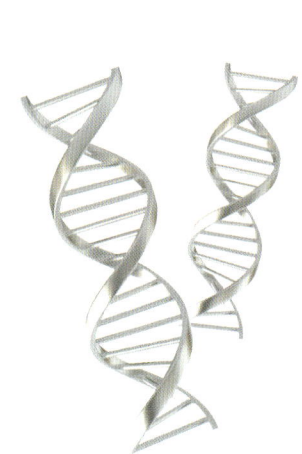

찰스 다윈	92
중간 형태는 없다	94
사람과 원숭이	96
잘못된 설계인가?	98
생명의 기원에 관한 자연주의적 설명의 허구	100
창세기 연대의 절충	102
UFO 신화	104

VI. 창조신앙의 기초

창세기	108
심판	110
인종과 언어의 기원	112
창조 설계	114
자연에 나타난 수	116
특별하게 창조된 인간	118

찾아보기	120
기고자 소개	122
미국창조과학연구소(ICR) 소개	124

I. 창조로의 초대

"태초에 하나님이
천지를 창조하시니라"
(창 1:1).

왜 창조를 공부해야 하는가?

우리가 어디에서 왔는가 하는 문제는 매우 중요하다. 만약 사람이 수십억 년에 걸쳐 아무 목적 없이 자연적으로 태어났다면, 우리의 삶은 아무것도 아니며 우리가 하는 모든 일 역시 무의미할 것이다.

그러나 하나님이 특별한 목적을 가지고 하나님의 형상대로 사람을 만드셨다면, 우리의 삶은 특별한 의미를 지니게 될 것이다. 창조주 하나님은 우리 모두를 무한히 사랑하셔서 이 땅에서 특별한 목적을 가지고 살게 하셨다.

만약 성경에 기록된 대로 창세기의 창조 사역이 진짜 있었던 일이라면, 즉 하나님이 6일 동안 만물을 창조하셨다는 것이 사실이라면, 성경에 기록된 다른 모든 내용도 사실이 틀림없다. 그리고 우리는 과학, 믿음, 우리의 삶 등 모든 것에 확신을 가질 수 있다.

우리는 왜 하나님의 창조를 공부해야 하는가? 그 이유는 하나님의 창조를 공부하면 우리의 삶, 우리가 사는 세상, 만물의 기원과 목적 등은 물론 우리가 지금 왜 이 자리에 있는가 하는 근본적인 문제에 대해 답을 찾을 수 있기 때문이다.

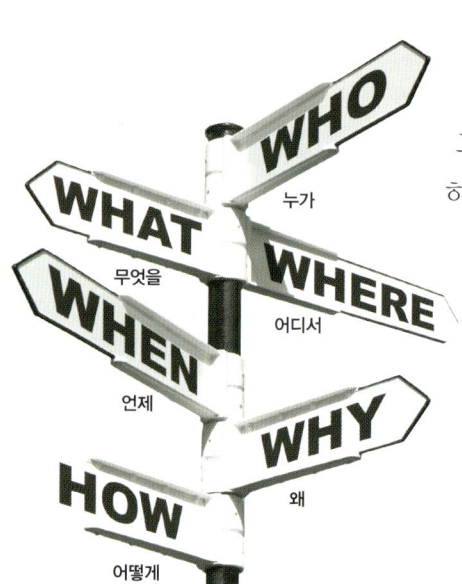

창조 세계는 창조주에 대해 무엇을 말해 주는가?

Ⅰ. 창조로의 초대

역사 연구의 틀

'사실'은 스스로 말하지 않는다. 사람들은 자신이 본 것을 자신의 믿음에 따라 이야기한다. 과거에 대한 우리의 믿음은 역사를 이해하는 열쇠가 된다. 미국의 남북 전쟁 당시 전쟁터에서 어떤 일이 일어났는지 자세히 알려고 할 경우, 땅속에서 발견한 총알 몇 개만으로는 많은 것을 알 수 없을 것이다. 역사에 대해서 알고 싶다면, 역사를 경험한 사람의 말을 듣거나 여러 가지 증거가 역사를 어떻게 나타내는지 조사하면 된다. 이처럼 우리가 이 세상에 대해서 알려면, 화석, DNA, 지구에 대해 공부하는 것보다 하나님이 기록하신 역사를 공부하는 것이 이 세상에 대해 더 많이 알 수 있는 방법이 될 것이다.

남북 전쟁에 관한 기록이 없다면 곳곳에서 발견된 총알 몇 개를 통해 어떤 일이 일어났는지 해석할 수밖에 없을 것이다. 그런데 그 총알들이 신뢰성 있는 역사에 맞춰서 해석된다면 중요한 의미를 지닐 수도 있다. 이처럼 창조의 증거도 성경의 기록에 따라 해석된다면 중요한 의미를 지니게 된다. 외계에서 온 정보, 동물의 세계에서 얻은 정보, 지구 내부에서 얻은 정보 등 어떠한 정보든지 성경에 비추어 보아야 한다.

만약 어떤 과학자가 성경의 기록과 반대되는 내용의 책을 썼다면, 우리는 어떤 것을 믿어야 하는가? 그 이유는 무엇인가?

성경 역사	진화론 역사
지구의 나이는 수천 년이다.	지구의 나이는 수십억 년이다.
생명은 하나님이 창조하셨다.	생명은 무생물과 에너지로부터 나왔다.
생물은 초자연적인 하나님이 설계하셨다.	생물은 자연적으로 만들어졌다.
같은 종류 내의 개체들은 서로 연관되어 있다.	모든 생물은 서로 연관되어 있다.
죄가 세상에 들어온 후에 죽음이 나타났다.	죄가 세상에 들어오기 전에 죽음이 나타났다.

이 세상은 왜 생물에게 적합하면서도 동시에 불완전한 것으로 가득 차 있는가?

창조의 경이로움

하나님의 창조를 공부하는 중요한 이유 중 하나는 하나님의 창조 사역에 감사하기 위함이다. DNA 분자의 정교한 설계, 광대한 우주, 별의 반짝임에 이르기까지 하나님의 피조물이 아닌 것은 하나도 없다. 창조주 하나님은 찬양받기에 합당하신 분이다.

어떻게 답을 찾을 것인가?

사람은 이 세계와 현재 우리가 살고 있는 곳에 대해 더 자세히 알고 싶어 한다. 과학적 탐구를 통해 우리는 우주와 지구 상의 생명체, 만물을 창조하신 창조주에 대해 더 많이 알 수 있다. 우리는 모든 것을 다 알 수는 없으나 일부 근본적인 것에 대해서는 이해할 수 있다.

과학의 한계

기원에 관한 의문은 실험에 기초한 과학으로는 밝힐 수 없다. 실험실에서 수행하는 실험으로 하나님의 속성을 증명할 수 없다. 우리는 사람이 창조되었는지 아닌지 실험할 수 없다. 왜냐하면, 그 사건은 과거 어느 시점에 하나님이 단 한 번에 하신 일이기 때문이다. 하지만 우리는 다른 방법으로 하나님의 창조 목적과 사람의 기원에 관해 알 수 있다. 과학이 발전하면서 우리의 생활 방식이 편리해지고 달에 사람을 보내기까지 했지만, 과학으로 모든 질문에 답할 수는 없다.

믿음의 영향

우리는 기원에 관한 질문에 대해 이미 가지고 있는 생각으로 답하려고 한다. 이러한 방법은 우리가 가진 문제가 무엇인지 정확하게 알고 있을 경우 매우 효율적이다. 그러나 우리가 잘 모르고 있거나 잘못 알고 있을 때는 좋지 않은 방법이다. 우리가 보고 있는 지구, 바다, 하늘은 사람이 어디에서 왔는지 답할 수 없다. 그런데도 우리는 우리가 이미 믿고 있는 것에 증거를 맞추려고 한다.

과학자를 믿을 수 있는가?

인간의 해석과 하나님이 계시하신 것이 다를 때, 먼저 인간의 해석을 다시 살펴보아야 한다. 과학자들도 실수를 범할 수 있는 사람이다. 특히 진화론 과학자들은 성경을 인정하지 않으므로 잘못된 결론을 내릴 수 있다.
이 책은 과학자들이 어떤 잘못된 판단을 내렸는지 알려 주면서, 다른 한편으로는 과학이 성경을 얼마나 정확하게 뒷받침하는지를 보여 준다.

과학 이론

정상적인 과학 이론은 과학적 방법으로 세워진다. 실험으로 증명할 수 있다고 생각되는 예측으로 가설이 만들어진다. 그리고 다양한 환경에서 다양하게 실험한 결과 가설이 옳은 것으로 증명되면 그 가설은 이론으로 자리 잡는다. 그러나 가설과 정반대의 결과가 단 한 번이라도 나오면 그 가설은 부정된다. 예를 들면, 중력은 과학 이론과 정확하게 일치하지만, 진화론과 빅뱅 이론은 과학 이론과 일치하지 않는다.

"만물이 그에게서 창조되되
하늘과 땅에서
보이는 것들과 보이지 않는 것들과
혹은 왕권들이나 주권들이나
통치자들이나 권세들이나
만물이 다 그로 말미암고
그를 위하여 창조되었고
또한 그가 만물보다 먼저 계시고
만물이 그 안에 함께 섰느니라"
(골 1:16-17).

우리가 사용하는 도구

하나님은 우리가 도구를 사용하여 우주에 대해 알 수 있도록 하셨는데, 어떤 도구는 특정 분야를 아는 데 있어서 다른 도구보다 효율적이다. 우리는 논리와 수학을 사용하여 숫자와 그 숫자 사이의 관계를 알 수 있다. 과거에 무슨 일이 일어났는지 알려면 역사를 공부하면 된다. 우주가 어떻게 작동되는지 알려면 과학적 방법을 사용하면 된다.

이러한 도구 중에 가장 좋은 도구는 성경이다. 성경은 하나님이 직접 보여 주시는 것이며 오류가 없기 때문이다. 성경은 기본적으로 역사가 기록된 책이지만 과학과 수학적 내용도 담겨 있다. 성경에는 우주가 어떻게 시작되었는지, 우리는 죽은 후에 어떻게 되는지 등 성경이 아니면 알 수 없는 내용도 기록되어 있다. 실제로 성경은 우리가 사용하고 있는 모든 도구의 논리적 기초가 되는 책이다.

우주를 아는 지식은 오직 하나님이 자신을 인간에게 알려 주셨기 때문에 가능하다. 하나님이 우리의 지성과 감각을 만드셨으며, 이것들을 의지해서 우주에 대해 배울 수 있음을 알도록 만들어 두셨다고 성경은 가르친다. 하나님이 주시는 이런 계시가 없으면 아무것도 알 수 없다.

태초에

"태초에 하나님이 천지를 창조하시니라"(창 1:1). 성경에는 삼위일체 창조주 하나님이 하나님의 형상대로 사람을 창조하시고 예수 그리스도와 성경을 통해 자신을 계시하셨다고 기록되어 있다. 특별히 성경의 첫 번째 책인 창세기에는 우리가 어디에서 왔고, 어떻게 여기에 이르게 되었으며, 왜 하나님이 우리를 만드셨는지 등 성경이 아니면 알 수 없는 기원에 관한 내용이 나와 있다.

성경에는 하나님이 모든 것을 창조하셨다고 기록되어 있다. 과학자들은 세계를 이해하기 위해 자연을 연구한다. 성경은 과학적 자료를 모두 다 제시하지는 않지만, 과학적으로 관찰한 사실을 해석할 수 있는 기본적인 틀을 보여 준다. 증거를 평가하는 일은 과학은 물론 삶의 다른 영역에서도 진리를 찾는 중요한 열쇠다.

6일간의 창조 사역

첫째 날

"태초에 하나님이 천지를 창조하시니라 땅이 혼돈하고 공허하며 흑암이 깊음 위에 있고 하나님의 영은 수면 위에 운행하시니라"(창 1:1-2).

삼위일체 하나님은 첫째 날에 시간(태초에), 공간(천), 물질(지)을 창조하시면서 하루의 정의를 규정하셨다. "빛이 하나님이 보시기에 좋았더라 하나님이 빛과 어둠을 나누사 하나님이 빛을 낮이라 부르시고 어둠을 밤이라 부르시니라 저녁이 되고 아침이 되니 이는 첫째 날이니라"(창 1:4-5).

둘째 날

"하나님이 이르시되 물 가운데에 궁창이 있어 물과 물로 나뉘라 하시고 하나님이 궁창을 만드사 궁창 아래의 물과 궁창 위의 물로 나뉘게 하시니 그대로 되니라 하나님이 궁창을 하늘이라 부르시니라 저녁이 되고 아침이 되니 이는 둘째 날이니라"(창 1:6-8).

하나님은 둘째 날에 궁창, 즉 대기권 하늘을 만드셨고, 물을 궁창 위의 물과 궁창 아래의 물로 나누셨다. 액체 상태의 물과 대기는 생물이 살아가는 데 꼭 필요한 것이다. 하나님은 둘째 날 지구를 특별한 곳으로 만들기 위한 일을 하셨다.

셋째 날

"하나님이 이르시되 천하의 물이 한곳으로 모이고 뭍이 드러나라 하시니 그대로 되니라 하나님이 뭍을 땅이라 부르시고 모인 물을 바다라 부르시니 하나님이 보시기에 좋았더라 하나님이 이르시되 땅은 풀과 씨 맺는 채소와 각기 종류대로 씨 가진 열매 맺는 나무를 내라 하시니 그대로 되어 땅이 풀과 각기 종류대로 씨 맺는 채소와 각기 종류대로 씨 가진 열매 맺는 나무를 내니 하나님이 보시기에 좋았더라 저녁이 되고 아침이 되니 이는 셋째 날이니라"(창 1:9-13).

하나님은 셋째 날에 물의 경계를 정하시고 마른 땅이 드러나게 하시어 나무와 풀이 자라게 하셨다. 하나님의 명령으로 지구가 형체를 갖추기 시작한 것이다. 나무와 풀은 종류대로 번성할 수 있는 첫 번째 생명체였다.

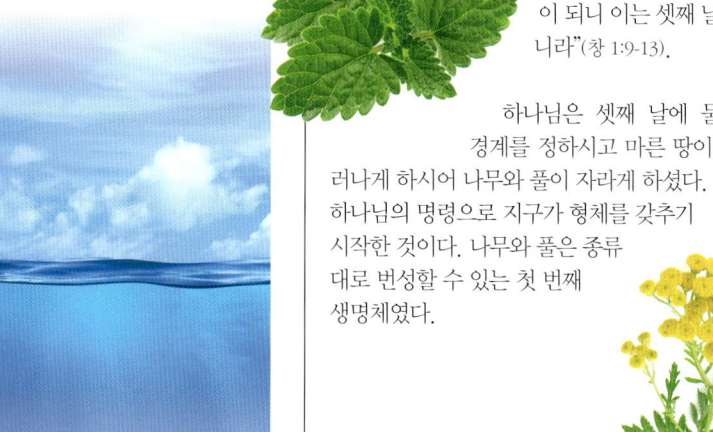

I. 창조로의 초대

창세기에는 하나님의 창조 사역이 6일(하루 24시간) 동안 일어났다고 기록되어 있다. 창세기 1장 마지막에 "심히 좋았더라"고 선언하신 우주를 어떻게 채우셨고 어떻게 작동하도록 창조하셨는지도 자세히 나타나 있다.

꿀벌은 창조 셋째 날까지 창조되지 않았다. 식물이 창조된 셋째 날과 꿀벌이 창조된 다섯째 날 사이에 간격이 길었다면, 식물은 가루받이를 하지 못해서 열매를 맺지 못했을 수 있다.

넷째 날

"하나님이 이르시되 하늘의 궁창에 광명체들이 있어 낮과 밤을 나뉘게 하고 그것들로 징조와 계절과 날과 해를 이루게 하라 또 광명체들이 하늘의 궁창에 있어 땅을 비추라 하시니 그대로 되니라 하나님이 두 큰 광명체를 만드사 큰 광명체로 낮을 주관하게 하시고 작은 광명체로 밤을 주관하게 하시며 또 별들을 만드시고 하나님이 그것들을 하늘의 궁창에 두어 땅을 비추게 하시며 낮과 밤을 주관하게 하시고 빛과 어둠을 나뉘게 하시니 하나님이 보시기에 좋았더라 저녁이 되고 아침이 되니 이는 넷째 날이니라"(창 1:14-19).

하나님은 넷째 날에 해, 달, 별을 만드시고 이들로 시간이 흘러가는 것을 알도록 징조와 계절과 날과 해를 이루게 하셨다.

다섯째 날

"하나님이 이르시되 물들은 생물을 번성하게 하라 땅 위 하늘의 궁창에는 새가 날으라 하시고 하나님이 큰 바다 짐승들과 물에서 번성하여 움직이는 모든 생물을 그 종류대로, 날개 있는 모든 새를 그 종류대로 창조하시니 하나님이 보시기에 좋았더라 하나님이 그들에게 복을 주시며 이르시되 생육하고 번성하여 여러 바닷물에 충만하라 새들도 땅에 번성하라 하시니라 저녁이 되고 아침이 되니 이는 다섯째 날이니라"(창 1:20-23).

하나님은 다섯 째 날에 물속에 사는 동물, 궁창을 날아다니는 동물을 만드셨다. 이들은 식물 다음으로 창조된 생물로, 식물과 달리 모두 스스로 움직일 수 있도록 만들어졌다.

여섯째 날

"하나님이 이르시되 땅은 생물을 그 종류대로 내되 가축과 기는 것과 땅의 짐승을 종류대로 내라 하시니 그대로 되니라 하나님이 땅의 짐승을 그 종류대로, 가축을 그 종류대로, 땅에 기는 모든 것을 그 종류대로 만드시니 하나님이 보시기에 좋았더라 하나님이 이르시되 우리의 형상을 따라 우리의 모양대로 우리가 사람을 만들고 그들로 바다의 물고기와 하늘의 새와 가축과 온 땅과 땅에 기는 모든 것을 다스리게 하자 하시고 하나님이 자기 형상 곧 하나님의 형상대로 사람을 창조하시되 남자와 여자를 창조하시고 하나님이 그들에게 복을 주시며 하나님이 그들에게 이르시되 생육하고 번성하여 땅에 충만하라, 땅을 정복하라, 바다의 물고기와 하늘의 새와 땅에 움직이는 모든 생물을 다스리라 하시니라 하나님이 이르시되 내가 온 지면의 씨 맺는 모든 채소와 씨 가진 열매 맺는 모든 나무를 너희에게 주노니 너희의 먹을거리가 되리라 또 땅의 모든 짐승과 하늘의 모든 새와 생명이 있어 땅에 기는 모든 것에게는 내가 모든 푸른 풀을 먹을거리로 주노라 하시니 그대로 되니라 하나님이 지으신 그 모든 것을 보시니 보시기에 심히 좋았더라 저녁이 되고 아침이 되니 이는 여섯째 날이니라"(창 1:24-31).

하나님은 여섯째 날에 모든 육지 동물과 사람을 만드셨다. 성경에 하나님이 사람을 동물과 어떻게 구별하여 만드셨는지 나타나 있다. 즉, "하나님의 형상대로" 만드셨고 동물들을 "정복하고 다스리는" 권한을 주셨다.

II. 지구과학의 증거

"하나님이 뭍을 땅이라 부르시고
모인 물을 바다라 부르시니"
(창 1:10).

대홍수가 열쇠다

지구 상의 어디를 가든지 대홍수의 증거가 나타난다. 노아 시대의 대홍수는 유사 이래 사람이 경험했던 홍수와는 전혀 다른 어마어마한 규모의 대격변 홍수였다. 지구 표면에 나타난 지질학적 양상을 설명할 방법은 노아 대홍수밖에 없다.

창세기 7장을 보면 "큰 깊음의 샘들이 터지고 하늘의 창문들이 열려 40 주야로 비가 땅에 쏟아졌으며 물이 땅에 더욱 넘쳐 천하의 높은 산이 다 잠겼고 물이 150일 동안 땅에 넘쳤다"고 한다(11, 12, 19, 24절).

하늘에서 내리는 비뿐만 아니라 모든 깊음의 샘들이 터졌다는 것은 화산 활동을 의미할 수 있다. 이것은 지각의 판이 움직인 것을 말한다. 지각의 판이 움직이려면 짧은 시간 안에 거대한 에너지가 있어야 한다. 이처럼 성경에 나타난 대홍수 사건을 통해 오늘날 지구에서 관찰되는 여러 가지 자연 현상을 설명할 수 있다.

대홍수로 지층이 형성되었다

오늘날 지구에서 관찰되는 퇴적 지층은 거대한 저탁류가 빠른 속도로 이동하면서 퇴적물이 쌓여 형성된 것이다. 저탁류는 수 시간에서 수년에 걸쳐 빠져나갔고, 그 결과 퇴적물이 쌓이고 건조되는 과정을 거쳐 퇴적 지층이나 퇴적암이 만들어졌다. 퇴적 지층이 이처럼 빠른 시간에 형성될 수 있다는 것은 1980년 세인트헬렌스 화산 폭발 후에 형성된 지층을 보면 알 수 있다. 수년 동안 계속된 폭발로 흙탕물이 쏟아져 나왔고, 이로 인해 세인트헬렌스 산 주변에 약 180m 두께의 지층이 퇴적되었다. 그리고 1982년 어느 날 오후에 일어난 폭발로 정상 부근의 빙하가 녹은 물이 "쓰나미"처럼 흘러서 지층이 패였고, 그 결과 불과 몇 시간 만에 "작은 그랜드 캐니언"이라고 불리는 퇴적 지층 협곡이 만들어졌다.

대홍수로 산맥과 계곡이 형성되었다

지구 표면은 일부 평평한 지역이 있기는 하지만 산과 계곡이 불규칙하게 분포되어 있어 대체로 평평하지 않다. 대부분의 산은 지각이 서로 충돌하면서 충돌한 부분이 솟아올라(융기) 형성되었다. 가파른 절벽이 있는 계곡은 거대한 물이 물러가면서("물이 땅에서 물러가고 점점 물러가서 백오십 일 후에 줄어들고", 창 8:3) 형성되었다. 땅이 융기하고 침강할 때는 엄청난 에너지가 필요하다. 이러한 에너지는 대홍수에서 발생했다고 볼 수 있다. 바다 생물의 화석이 높은 산 정상 부근에서 발견되는 현상은 대홍수로 땅이 급격히 융기되어 일어난 일이었음을 증거한다.

에베레스트 산

II. 지구과학의 증거

대홍수로 화석이 형성되었다

화석은 대부분 퇴적암에서 발견된다. 이는 화석이 물이 빠르게 흘러가면서 퇴적층에 묻혀 형성될 수 있음을 보여 준다. 생물 화석은 대부분 대합조개, 삼엽충, 산호, 물고기 등과 같은 바다 생물의 화석이 발견되며, 공룡, 도마뱀, 새, 작은 포유류 등 육상 생물의 화석은 극히 일부만 발견된다. 공룡 화석이 발견된 지층에서는 대합조개, 물고기, 포유류 화석이 함께 발견되기도 한다. 이러한 생물들은 짧은 기간에 걸쳐 일어난 거대한 홍수로 땅속에 급격히 묻혀, 부패하거나 다른 동물에게 먹히지 않고 화석이 될 수 있었다.

대홍수로 지각 변동이 일어났다

대륙을 어떻게 이동시킬 수 있을까? 과거에 대륙을 움직였던 힘과 속도는 오늘날 대륙에 가해지는 힘과 비교할 수 없을 정도로 크고 역동적이었다. 오늘날 우리가 볼 수 있는 지구의 모습은 노아 시대에 있었던 대격변 지각 변동으로 전체가 재구성되어 만들어졌다.

대부분의 화석은 바다 생물 화석으로, 거대한 물과 퇴적물에 의해 빠른 시간 안에 묻혀 화석으로 굳어질 수 있었다. 노아 대홍수는 지층에 묻혀 있는 화석에 대해 설명할 수 있는 가장 좋은 방법이다.

실험실에서는 석탄을 수 시간에서 수일 만에 만들어 낼 수 있다. 또한, 1980년 세인트헬렌스 산 분출로 인하여 일부 탄화된 목재가 짧은 시간 안에 석탄으로 변했다는 사실이 확인되었다.

세계에서 가장 높은 산인 에베레스트 산에서도 바다 생물 화석이 발견된다. 이를 설명할 수 있는 방법은 노아 대홍수밖에 없다.

노아 대홍수를 통해 산과 계곡이 어떻게 형성되는지 설명할 수 있다. 또한, 나무가 어떻게 화석화되는지, 석탄이 어떻게 만들어지는지에 대해서도 설명할 수 있다.

성경에 기록된 대홍수

홍수를 일으킨 물은 어디에서 왔을까? 어떻게 모든 동물이 노아의 방주에 탈 수 있었을까? 공룡은 어떻게 했을까? 성경과 과학을 통해 이러한 질문에 모두 답할 수 있다.

성경에는 노아 대홍수 때 모든 산이 물에 잠겼다고 기록되어 있다. 엄청난 규모의 홍수였음을 나타내는 것이다. "물이 땅에 더욱 넘치매 천하의 높은 산이 다 잠겼더니"(창 7:19). 여기서 "천하의"라는 말은 홍수가 전 세계적으로 일어났다는 뜻이다. 성경에 따르면, 40일 동안 밤낮으로 비가 내려 대홍수가 시작되었고, 1년에 걸쳐 진행되었다고 한다. 처음 5개월 동안은 물이 불어나서 온 땅에 넘쳤고, 그 후 점점 줄어들어 땅이 말랐다고 한다.

성경에는 대홍수에 관한 내용이 자세히 기록되어 있지는 않으나 지질학을 통해 대홍수를 증거할 수 있다. 하나님이 대홍수를 일으키신 주된 목적은 땅 위의 모든 생물을 멸하시려는 것이었다. "천하의 높은 산이 물에 덮인 후에 물이 물러가게 한 것"은 온 땅을 덮은 것 이상의 큰 의미가 있다. 물은 정지한 상태에서는 활동 에너지가 크지 않지만, 움직일 때는 엄청난 에너지를 가지게 된다. 하나님은 "모든 혈육 있는 자의 행위가 부패하였기 때문에 그들을 땅과 함께 멸하려고" 하셨다. 바로 그 목적을 이루시기 위해 물을 사방으로 움직임으로써 그 엄청난 에너지를 사용하신 것이다.

물은 어디서 왔는가?

지구의 70%는 바다로 덮여 있으며, 대륙의 평균 높이보다 바다의 평균 깊이가 더 깊다. 만약 대륙을 깎아서 지구 전체를 평평하게 만든다면, 모든 땅이 2,400m 깊이의 물에 잠기게 된다. 따라서 대홍수 때 전 지구가 물에 잠겼다는 것은 충분히 일어날 수 있는 일이다. 그러한 엄청난 물은 "큰 깊음의 샘들이 터지고 하늘의 창문들이 열림으로써"(창 7:11) 공급되었다.

태평양의 위성 사진. 지구 표면은 대부분 물로 덮여 있으며, 대륙의 산 높이보다 바다의 깊이가 더 깊다. 대홍수 때의 물은 지금 바다에 그대로 있다.

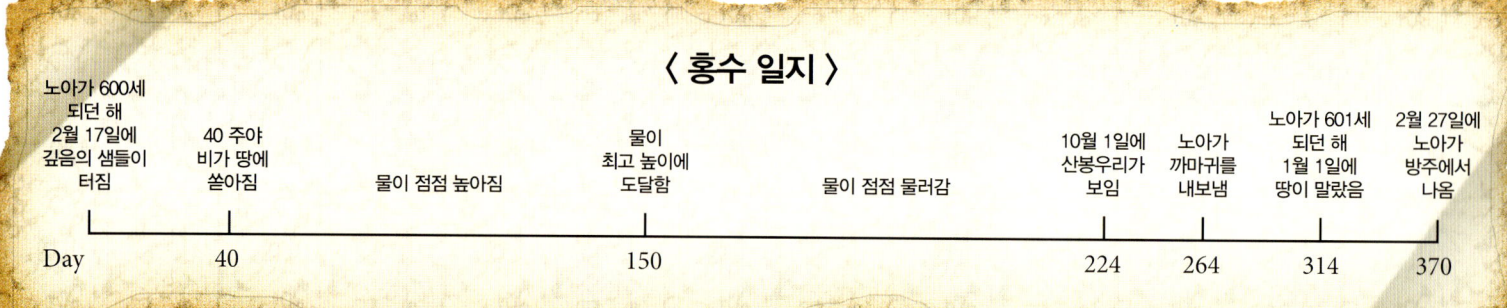

〈 홍수 일지 〉

Day	사건
-	노아가 600세 되던 해 2월 17일에 깊음의 샘들이 터짐
40	40 주야 비가 땅에 쏟아짐
-	물이 점점 높아짐
150	물이 최고 높이에 도달함
-	물이 점점 물러감
224	10월 1일에 산봉우리가 보임
264	노아가 까마귀를 내보냄
314	노아가 601세 되던 해 1월 1일에 땅이 말랐음
370	2월 27일에 노아가 방주에서 나옴

II. 지구과학의 증거

부피 : 약 42,500m³
총 톤수 : 약 13,960톤
화물 적재 : 화물 열차 500량 분량
양 125,000마리 수송 가능

약 137m
약 23m
약 13.5m

방주 안의 동물

성경에는 방주의 규격이 길이 약 137m, 폭 23m, 높이 13.5m로 기록되어 있다. 부피를 대략 계산하면 약 42,500m³ 정도가 될 것이다. 모든 동물은 암수가 쌍을 이루어 방주에 타도록 하나님의 명령을 받았다. 거의 모든 동물이 위험을 직감하면 안전한 곳으로 이동하여 위험이 끝날 때까지 동면(冬眠)과 비슷한 상태에 들어가는 본능이 있다. 동물을 창조하신 하나님이 방주에 탄 동물들에게 이러한 능력을 주셨고, 그들의 후손들에게도 이러한 능력이 유전되도록 하셨을 수 있다.

동물의 종류는 잡종 교배와 관련이 있는 것으로 추정된다. 예를 들면, 오늘날 다른 종으로 분류되는 개는 코요테나 늑대와 교잡할 수 있는데, 이들 모두 같은 종류에 속했을 것이다. 그렇다면 개 종류 및 고양이 종류의 경우 종류를 대표하는 두 마리가 방주에 탔을 것이다. 그리고 대홍수 이후 환경에 적응하면서 오늘날의 다양한 생물 변이 종이 나타났을 것이다. 방주에 탄 동물은 25,000쌍보다는 적었을 것으로 추정되며, 동물의 평균 크기는 매우 작았을 것이다. 몸집이 큰 동물보다는 몸집이 작은 동물이 대부분이었기에 동물의 평균 크기는 중간 크기의 개 정도 되었을 것이다. 따라서 방주에 타야 하는 모든 동물과 먹이를 싣는 데는 문제가 없었을 것이다.

방주 안의 공룡

하나님은 창조 주간에 공룡도 창조하셨다. 공룡과 사람이 같은 장소에서 함께 살았다는 증거가 많다. 이를 보면 공룡도 분명 방주에 탔다는 것을 알 수 있다. 공룡은 특이한 파충류로, 다른 파충류를 통해 방주 안에서 어떻게 적응할 수 있었는지 추정할 수 있다. 악어나 뱀과 같은 거대 파충류는 수명이 길며 사는 동안 계속 성장한다. 방주의 목적은 생물을 보존하려는 것이었다. 따라서 몸집이 크고 늙은 동물이 아닌, 젊고 튼튼하여 번식할 수 있는 동물만을 태웠을 것이다. 악어와 뱀은 새끼 때는 몸집이 매우 작다. 공룡도 마찬가지로 새끼 때는 몸집이 매우 작았을 것으로 추정되며, 방주에는 어린 공룡을 태웠을 것이다.

> 하나님은 노아에게 정결한 동물과 하늘의 새를 각각 암컷과 수컷 일곱 마리씩 방주에 태우게 하셨다 (창 7:2-3).

방주의 목적은 동물들을 종류대로 두 마리씩 보호하여 생명을 보존하고 다시 번성하도록 하는 데 있었다. 이 목적이 이루어지려면 하나님이 택하신 동물들이 젊고 건강해야 한다. 따라서 방주 안의 동물들은 대부분 몸집이 크지 않았을 것이다.

터키에서 바라본 소아라랏 산과 대아라랏 산. 창세기 8장 4절을 보면 물이 점점 물러가서 방주가 "아라랏 산"에 머물렀다고 한다.

대륙에 걸쳐 넓게 관찰되는 홍수 퇴적물

노아는 대홍수가 일어나기 120년 전에 경고를 받았다(창 6:3). 이 정도의 기간이면 노아와 노아의 가족, 동물들은 이곳 저곳을 돌아다닐 수 있었을 것이다. 만약 대홍수가 전 지구적 홍수가 아니라 국지적 홍수였다면, 방주가 필요 없었을 것이고, 모든 사람과 동물을 멸하시려는 목적도 이루어지지 못했을 것이다. 또한, 그 후로도 국지적 홍수가 많이 있었으므로 이와 같은 홍수를 다시는 내리지 않겠다고 하신 하나님의 말씀(창 9:15)은 거짓말이 될 것이다. 그러나 하나님은 거짓말하지 않으신다.

대홍수에 대한 지질학적 증거는 홍수가 전 지구적인 대격변 사건이었음을 나타낸다. 그러나 대홍수가 전 지구적이었다고 하여 지구 상의 모든 곳에서 동일한 현상으로 일어난 것은 아니다.

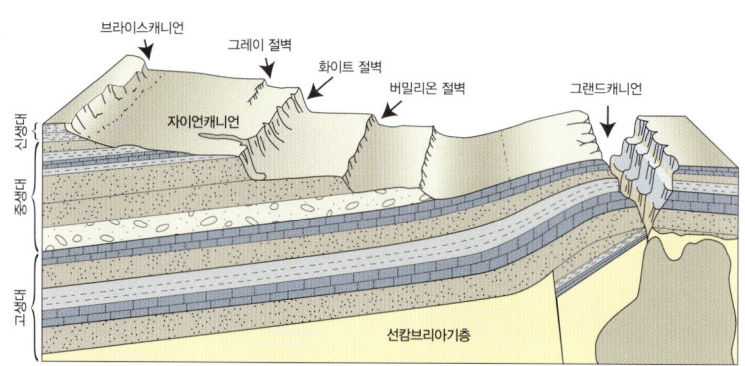

그랜드캐니언 퇴적층은 대홍수 초기의 퇴적물이고, 자이언캐니언 퇴적층은 대홍수 중기의 퇴적물이며, 브라이스캐니언 퇴적층은 대홍수 후기의 퇴적물이다. 각각의 층은 매우 광범위한 지역에 걸쳐 있으며 격변적으로 일어났다. 이는 노아 대홍수를 증거한다.

퇴적물

퇴적물은 대부분 진흙이 굳어져 이루어진 셰일처럼 입자가 매우 곱다. 작은 진흙 입자는 천천히 가라앉아 바닥에 도달하기까지 수개월이 걸리기도 한다. 물이 움직이면 물속의 입자도 함께 움직이기 때문에 오늘날 지구 상에서는 오랜 기간 물의 흐름이 정지된 곳의 퇴적물을 관찰할 수 없다. 그러나 진흙이 굳어져서 만들어진 암석이 지구 곳곳에서 관찰되는 것을 보면, 이러한 진흙 입자를 덩어리로 모이게 한 어떤 작용이 있었음을 짐작할 수 있다. 오늘날은 물속에서 침전이 일어날 경우 이처럼 광범위한 지역에서 일어나는 것을 관찰할 수 없다. 광범위한 지역에서 관찰되는 셰일과 진흙이 굳어진 암석은 대홍수에 의해서만 만들어질 수 있다.

대부정합

오른쪽 수평층 아래의 표면이 침식된 부분을 대부정합이라고 한다. 이는 대홍수 때 깊음의 샘이 터지면서 상상할 수 없을 만큼 큰 침식이 일어나 큰 모래 입자 및 작은 모래 입자가 퇴적되면서 형성된 것으로 추정된다. 이러한 사암층은 그랜드캐니언에서 유타 주 북부까지 넓게 뻗어 있다. 이와 동일한 층이 유럽에도 남아 있고 북반구를 가로질러 나타난다. 진화론 지질학자들은 전통적으로 대부정합은 대륙을 가로질러 일반적으로 일어나는 바닷가 파도에 의해 퇴적된다고 가르쳐 왔다. 그러나 전 세계적 대홍수 때 반복적으로 물이 흘러가는 과정에서 모래와 진흙이 퇴적되었다는 증거가 있다.

미국 유타 주에 있는 브라이스캐니언

II. 지구과학의 증거

태핏 사암층

그랜드캐니언의 가장 아래쪽에 있는 층을 태핏 사암층(Tapeats Sandstone)이라고 한다. 캄브리아기에 처음 형성된 이 지층은 다세포 생물 화석이 발견되는 첫 층이기도 하다. 캄브리아기 지층의 아래쪽에 있는 지층에서는 화석이 전혀 발견되지 않는다. 그런데 캄브리아기 지층에서 갑자기 다양한 종류의 화석이 폭발적으로 발견된다. 이를 "캄브리아기 대폭발"이라고 한다. 이때 하등 생물부터 척추동물과 물고기 화석이 동시에 발견된다. 진화론자들은 이러한 일이 5억5천만 년 전에 일어났다고 주장하지만, 대홍수 초기에 일어났다고 보는 것이 더 합리적이다.

세인트 피터 사암층

담요 사암층이라고도 불리는 세인트 피터 사암층(St. Peter Sandstone)은 두께가 약 10-100m이며, 수천 km에 걸쳐 넓게 분포되어 있다. 그 두께와 넓이를 비교해 보면 양파 껍질 같은 형태라고 할 수 있다. 얇은 퇴적물이 해안선을 따라 넓게 분포되려면 100m 이상의 높은 산이 없고 평평한 지역이 광대하게 펼쳐져 있는 상태에서 침식이 일어나야 한다. 이처럼 넓고 평평한 지역에 일어난 침식 현상을 적절하게 설명할 수 있는 가설은 전 지구적 대홍수밖에 없다.

거대층서

거대층서라고 부르는 각 퇴적층 그룹에는 바다가 육지로 침입한 양상이 나타난다. 이는 바닷물이 육지로 밀려 들어와 침식이 일어나고 이러한 과정이 반복되어 일어난 현상으로 보인다. 동일과정설에서는 각 과정이 일어나는 데 수백만 년이 걸렸다고 주장한다.

창세기 8장 3절을 보면 "물이 땅에서 물러가고 점점 물러가서 백오십 일 후에 줄어들었다"고 한다. 킹제임스성경(KJV)을 보면 "물들이 계속해서 땅을 떠나 되돌아가고 백오십 일이 지난 뒤에는 물들이 줄어들었다"고 한다. KJV에서는 "계속해서"라는 단어가 사용되고 있지만, 히브리어 원어를 보면 "이리저리로", "앞뒤로" 물이 계속 왕복했다는 것을 알 수 있다. 홍수를 일으킨 물이 앞뒤로 계속 움직였다는 것은 대홍수 때 거대층서가 형성되었음을 나타내는 증거라고 할 수 있다. 대홍수 물의 움직임으로 형성된 퇴적암과 화석은 바닷물이 육지로 밀려 들어왔다가 다시 빠지는 현상을 나타내는 증거라고 할 수 있다.

코코니노 사암층(Coconino Sandstone)은 100-120m 두께의 백색 사암층으로, 그랜드캐니언 상단부에 있다. 진화론적 지질학자들은 이 층이 사막에 형성된 사구처럼 바람에 의해 형성되었다고 주장한다. 그러나 사층리와 사암층에 나타나는 다른 특징을 통해 이 층이 창세기 대홍수 중간 시기에 물에 의해 형성되었음을 알 수 있다.

미국 애리조나 주에 있는 그랜드캐니언

대홍수는 대격변 사건이었다

노아 시대의 대홍수는 전 지구적인 대격변 사건이었다. 어떤 사람들은 이를 국지적 홍수였을 거라고 주장하기도 한다. 창세기 7장 19-24절에는 대홍수에 대해 다음과 같이 기록되어 있다.

"물이 땅에 더욱 넘치매 천하의 높은 산이 다 잠겼더니 물이 불어서 십오 규빗이나 오르니 산들이 잠긴지라 …… 지면의 모든 생물을 쓸어버리시니 곧 사람과 가축과 기는 것과 공중의 새까지라 이들은 땅에서 쓸어버림을 당하였으되 오직 노아와 그와 함께 방주에 있던 자들만 남았더라 물이 백오십 일을 땅에 넘쳤더라."

대홍수는 하나님이 죄를 지은 사람들을 공의로 다스리실 때 그 결과가 얼마나 두렵고 무서운 것인지를 분명히 보여 주고 있다. 사람들은 계속해서 하나님께 복종하지 않았고 그에 상응한 벌을 받았다. 하지만 노아는 "여호와께 은혜를 입어"(창 6:8) 살아남을 수 있었다. 그는 하나님의 지시대로 방주를 만들었고, 가족과 함께 방주에 올라탔다. 땅에 사는 동물들은 종류대로 암수 한 쌍씩 방주에 탈 수 있었다.

전 세계적으로 지구 전체가 한 번 물에 잠겼다는 증거가 많이 나타난다. 홍수 이전과 홍수 이후의 지구 모습이 완전히 달라졌다는 것은 분명한 사실이다.

시노사우롭테릭스 프리마(Sinosauropteryx prima)라는 이름의 육지 동물이 물에서 서식하는 물고기와 함께 급격히 묻혔음을 보여 주는 화석이다. 두 동물의 자세를 보면 죽기 직전에 질식하여 발버둥 쳤을 거라고 짐작할 수 있다. 이 두 동물이 죽은 후 수백만 년에 걸쳐 서서히 묻혔을 거라고 보기는 어렵다. 그사이 썩은 고기를 먹는 동물들에게 벌써 먹혔을 것이기 때문이다.

함께 살았던 동물들

화석 무덤에서는 종종 서식지가 다른 동물들이 한꺼번에 발견되기도 한다. 땅에 서식하는 동물과 바다 물고기가 함께 발견되기도 하고, 악어가 심해 생물, 사막 포유류, 극지 생물과 함께 발견되기도 한다. 오늘날의 동일과정설에 의하면, 이러한 동물들은 절대 함께 묻힐 수 없다. 따라서 오늘날 관찰되는 화석은 격변적인 상황에서 형성되었다는 것을 알 수 있다. 급진적인 진화론자들도 빠르게 움직이는 퇴적물에 의해서 화석이 형성될 수 있다는 이론을 받아들이고 있는 편이다.

다른 파충류들은 알을 낳지만, 이 어룡은 새끼를 낳는다. 이 화석은 매우 빠른 시간 안에 묻혔을 것이다. 그 이유는 새끼를 낳는 시간이 길지 않기 때문이다. 이 화석은 죽은 동물에 침전물이 천천히 쌓인 것이 아니라 삽시간에 밀려들어 새끼와 함께 덮쳐 버렸음을 보여 준다.

급격한 매몰을 나타내는 증거

진화론적 과학자들은 생물이 죽어서 화석이 되기까지 수백만 년이 걸렸을 거라고 주장한다. 그러나 죽은 모습 그대로 화석으로 발견되기도 한다. 시조새(Archaeopteryx) 화석은 목이 뒤쪽으로 꺾인 모습으로 발견되는데, 이는 급격한 상황 가운데 물 속에서 묻혔음을 나타낸다. 대합조개는 위험을 감지하면 즉시 입을 닫는데, 대합조개 화석은 모두 입을 닫은 모습으로 발견된다. 공룡 화석도 훼손되지 않은 채 죽을 때 모습 그대로 발견된다. 화석화된 생물들은 급격히 죽은 뒤 움직이는 물과 진흙에 의해서 오늘날 발견된 곳으로 이동했음을 보여 주고 있다.

사층리(cross-bedding)에서 관찰되는 지층은 평행이 아니라 서로 교차하여 나타난다. 사층리의 층간 각도는 진화론자들이 주장하는 것처럼 바람에 의한 퇴적으로 나타나는 것이 아니라 물의 속도와 깊이에 따른 방향과 일치하게 나타난다.

오늘날 발견되는 화석은 대부분 해양 생물 화석으로, 다른 해양 생물이나 육지 동물과 함께 묻힌 채로 발견되기도 한다. 이러한 화석 범벅을 깊이 연구해 보면, 진화론자들이 수백만 년의 시간적 간격이 있다고 주장하는 생물들이 같은 암석 내에서 함께 발견되기도 한다.

다른 물고기를 잡아먹는 도중에 화석이 된 물고기의 모습이다. 만약 이 화석이 오랜 기간에 걸쳐서 화석화되었다면, 큰 물고기가 작은 물고기를 계속 잡아먹고 있는 상태에서 화석이 될 수는 없었을 것이다. 즉, 두 마리 물고기 모두 대홍수 같은 격변적 상황에서 화석이 되었다고 볼 수 있다.

육지에서 대부분 발견되는 화석

화석(대부분 해양 생물 화석)이 나타나는 격변적 퇴적층은 거의 모든 대륙에서 발견된다. 바닷물이 격변적으로 범람하여 땅을 덮으면서 땅의 모든 것이 초토화되었고, 지면이 평평해졌다. 육지 생물의 화석은 1차적으로 대홍수 이후에 나타난 빙하기에 만들어졌다.

완전한 생태계는 없다

화석은 대개 퇴적물에 묻힌다. 화석에서는 생물의 생활에 대해 알 수 있도록 완벽한 생태계가 발견되는 것이 아니다. 진화론자들은 화석 무덤을 생물의 스냅 사진으로 생각하고 이것을 이용하여 생물의 습성에 관해 설명하려고 한다. 그러나 이러한 동식물 화석은 살았던 곳이나 죽은 곳에서 반드시 발견되는 것이 아니라 생물이 묻힌 곳에서 발견된다. 한곳에서 살던 생물이 다른 곳에서 발견될 경우 그것을 토대로 생물의 생활을 추정하는 것은 과학적으로 옳지 않다.

산맥은 보통 지각의 판이 서로 충돌하면서 위로 솟아올라 형성된다. 양쪽이 절벽으로 되어 있는 협곡은 대부분 엄청난 물이 빠른 시간에 빠져나갈 때 형성된다("물이 땅에서 물러가고", 창 8:3). 이처럼 산맥이 높아지고 협곡이 깊어지는 과정에는 대홍수와 같은 엄청난 에너지가 반드시 작용했을 것이다.

대격변으로 형성된
지구 상의 산맥과 대협곡은
하나님의 능력을 나타내고 있다.

미국 애리조나 주에 있는 그랜드캐니언

홍수로 형성된 화석

화석은 과거에 살았던 생물이 보존된 것으로 바위에 찍힌 흔적, 광물질로 치환된 생물체의 일부분 또는 전체를 말한다. 그렇다면 화석은 어떻게 만들어졌을까?

화석이 만들어지는 과정을 직접 관찰할 수는 없으므로 과학자들은 화석화되는 과정을 추정해야 한다. 화석은 대부분 퇴적암층에서 발견되며 이 층은 화석화 과정을 재구성할 수 있는 증거를 충분히 보여 준다.
첫째, 생물이 모래나 진흙에 급격하게 묻혀야 한다. 생물의 사체는 다른 동물에게 먹히거나 미생물에 의해서 분해되므로 급격하게 묻히지 않으면 완전한 모습으로 화석화될 수 없다.
둘째, 진흙이나 모래는 생물이 움직이는 것보다 더 큰 힘과 빠른 속도로 움직여야 한다. 그렇지 않으면 15m 길이의 바다 공룡인 모사사우루스나 고래처럼 힘이 세고 큰 동물은 흙 속에 묻히지 않고 탈출해 버릴 수 있다.
셋째, 물이 빠르게 흘러가야 한다. 공룡이나 포유류 같은 육지 동물과 대합조개, 물고기 같은 바다 생물이 함께 묻힌 화석 무덤은 물이 빠르게 흘러갔다고 해야만 설명이 가능하다.
넷째, 생물과 진흙, 모래를 운반해 온 물이 이들을 높은 지역에 쌓아 두고 빠져나가야 한다. 물이 빠지지 않으면 미생물이나 화학 물질에 의해 생물이 분해되어 화석으로 남을 수 없다.

노아 시대에 일어난 전 지구적인 대홍수로 에베레스트 산은 물론 모든 대륙의 퇴적층에 화석이 남았다. 그리고 수개월에 걸쳐 물이 흘러가면서 지층이 노출되었다. 홍수 이후에는 빙하기 폭풍이 도래했고, 이때 죽은 동물들은 빙하기 화석으로 발견된다.

발자국 화석은 풍화 작용으로 급격히 지워질 수 있다. 그런데 어떻게 발자국 화석이 보존된 것일까? 대홍수 때의 물로 인해 광범위한 지역에 퇴적물이 운반되었고, 찍힌 지 얼마 되지 않은 발자국이 그 퇴적물에 덮였을 것이다. 창조론 지질학자들은 이러한 현상이 온 땅이 물에 덮인 시기와 물이 물러가는 시기 사이에 일어났을 것으로 본다.

II. 지구과학의 증거

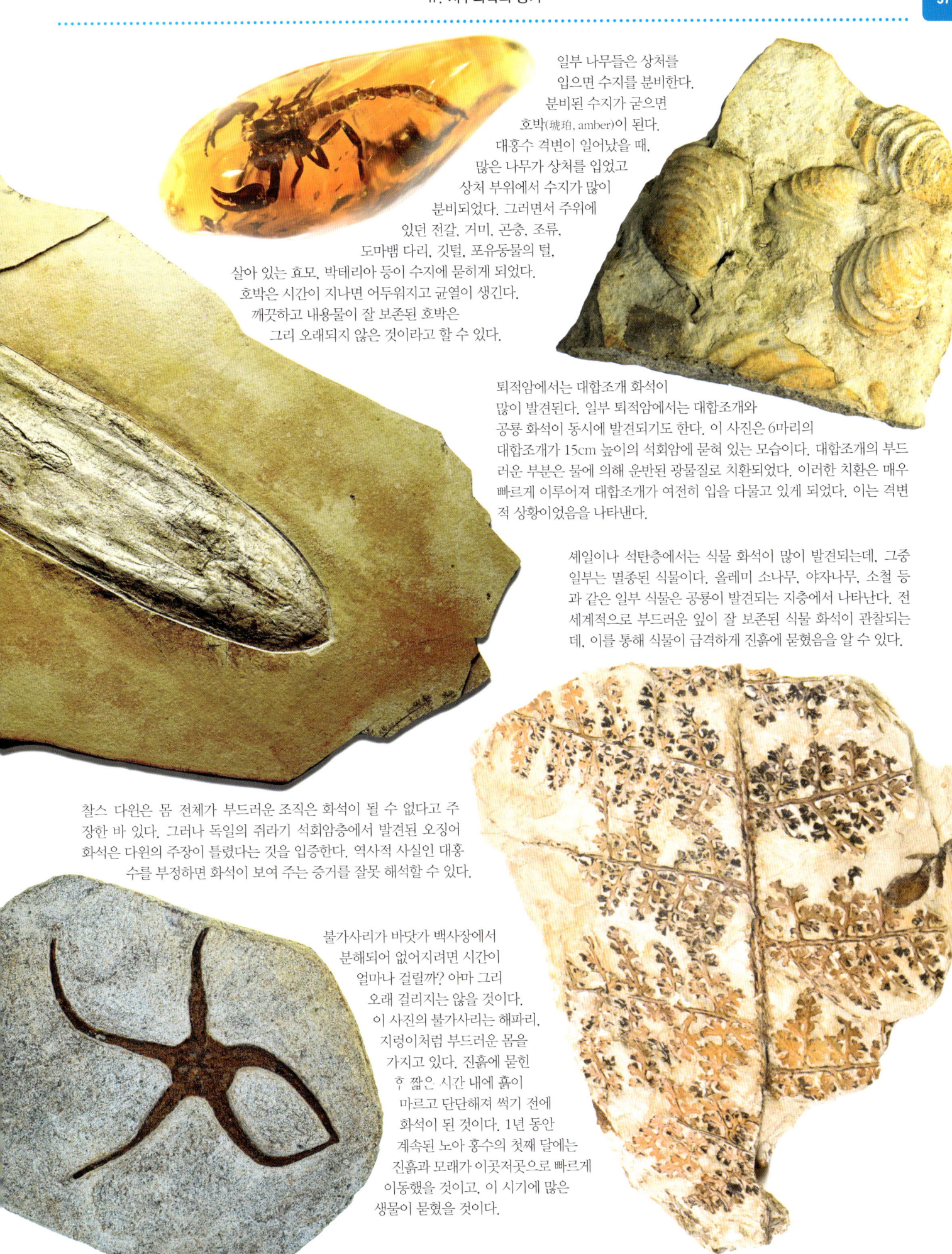

일부 나무들은 상처를 입으면 수지를 분비한다. 분비된 수지가 굳으면 호박(琥珀, amber)이 된다. 대홍수 격변이 일어났을 때, 많은 나무가 상처를 입었고 상처 부위에서 수지가 많이 분비되었다. 그러면서 주위에 있던 전갈, 거미, 곤충, 조류, 도마뱀 다리, 깃털, 포유동물의 털, 살아 있는 효모, 박테리아 등이 수지에 묻히게 되었다. 호박은 시간이 지나면 어두워지고 균열이 생긴다. 깨끗하고 내용물이 잘 보존된 호박은 그리 오래되지 않은 것이라고 할 수 있다.

퇴적암에서는 대합조개 화석이 많이 발견된다. 일부 퇴적암에서는 대합조개와 공룡 화석이 동시에 발견되기도 한다. 이 사진은 6마리의 대합조개가 15cm 높이의 석회암에 묻혀 있는 모습이다. 대합조개의 부드러운 부분은 물에 의해 운반된 광물질로 치환되었다. 이러한 치환은 매우 빠르게 이루어져 대합조개가 여전히 입을 다물고 있게 되었다. 이는 격변적 상황이었음을 나타낸다.

셰일이나 석탄층에서는 식물 화석이 많이 발견되는데, 그중 일부는 멸종된 식물이다. 올레미 소나무, 야자나무, 소철 등과 같은 일부 식물은 공룡이 발견되는 지층에서 나타난다. 전 세계적으로 부드러운 잎이 잘 보존된 식물 화석이 관찰되는데, 이를 통해 식물이 급격하게 진흙에 묻혔음을 알 수 있다.

찰스 다윈은 몸 전체가 부드러운 조직은 화석이 될 수 없다고 주장한 바 있다. 그러나 독일의 쥐라기 석회암층에서 발견된 오징어 화석은 다윈의 주장이 틀렸다는 것을 입증한다. 역사적 사실인 대홍수를 부정하면 화석이 보여 주는 증거를 잘못 해석할 수 있다.

불가사리가 바닷가 백사장에서 분해되어 없어지려면 시간이 얼마나 걸릴까? 아마 그리 오래 걸리지는 않을 것이다. 이 사진의 불가사리는 해파리, 지렁이처럼 부드러운 몸을 가지고 있다. 진흙에 묻힌 후 짧은 시간 내에 흙이 마르고 단단해져 썩기 전에 화석이 된 것이다. 1년 동안 계속된 노아 홍수의 첫째 달에는 진흙과 모래가 이곳저곳으로 빠르게 이동했을 것이고, 이 시기에 많은 생물이 묻혔을 것이다.

화석 기록

아래에 나온 표준 지질 시대표를 보면 밑부분에 있는 화석은 오래전의 것이고, 중간에 있는 화석은 약간 오래전의 것이며, 위쪽에 있는 화석은 최근의 것을 나타낸다. 이는 진화가 진행될수록 간단한 형태에서 복잡한 형태로 변화된 것을 보여 준다. 그러나 실제로 아래쪽 지층은 대홍수가 시작된 시기에 퇴적된 지층이고, 위쪽 지층은 대홍수 후기에 퇴적된 지층이다. 아래쪽 지층은 "큰 깊음의 샘들이 터진"(창 7:11) 초기 폭발에 이어 쓰나미가 발생해 만들어졌다. 쓰나미는 바다 밑에 사는 생물들에게 영향을 미쳤을 것이다. 그리고 그 이후에 일어난 사건에 의해서 바다 생물들과 해변 생물들이 묻혔을 것이다. 따라서 화석 기록은 사실상 대홍수의 순서를 보여 준다고 할 수 있다.

양치식물 화석

특정한 동물이 근본적으로 완전히 다른 유형의 동물로 변화할 수 있다는 증거가 없으므로 진화론자들은 "단속평형설"(punctuated equilibrium)이라는 가설을 내세웠다. 단속평형설은 오랜 기간에 걸쳐 작은 변화가 일어나는 과정 중에 급격한 종 분화가 일어났다는 학설이다. 그러나 단속평형설이 말하는 종 분화는 생물계에서 관찰되는 변이나 환경에 적응하는 현상이지, 한 종류가 다른 종류로 바뀌는 대진화는 아니다.

대진화는 큰 변화를 말한다. 예를 들면, 공룡이 조류로, 원숭이가 사람으로 변하는 것을 의미한다.

갑자기 출현하는 기본 유형

화석은 다양한 생물의 변이를 나타낸다. 변이는 진화가 아니다. 고양이와 개는 비슷한 환경에서 살고 같은 공기로 호흡하면서 살 수 있도록 창조되었다. 그러나 고양이는 새끼 고양이를, 개는 강아지를 낳는다. 고양이와 개는 같은 조상의 돌연변이에 의해서 출현한 것이 아니다. 서로 교차하여 진화된 것도 아니다. 이처럼 한 종이 안정적으로 유지되는 것은 다른 동물의 화석에서도 똑같이 나타난다.

많은 화석이 지질 시대의 여러 지층에 걸쳐 발견된다

다양한 화석이 여러 층에서 동시에 발견된다. 화석이 많이 발견될수록 화석이 출현하는 지질 시대는 점점 더 늘어나게 된다. 화석 자료는 모든 생물이 같은 시대에 살았다는 사실을 뒷받침한다.

대진화란 보통 덜 발전된 물질에서 새로운 생물학적 구조를 가진 생물이 나타나는 자연적 과정이라고 설명된다.

대(代)	기(紀)	세(世)	출현 생물	표준 화석
신생대 신생물	제4기 0~200만 년 사람 출현	현세 플라이스토세		
	제3기 6,400만 년 포유류 출현	플라이오세 마이오세 올리고세 에오세 팔레오세		
중생대 중생물	백악기 8,000만 년 현대 종자식물 출현 공룡			
	쥐라기 5,600만 년 최초 조류 출현			
	트라이아스기 4,900만 년 소철 출현 최초 공룡 출현			
고생대 고생물	페름기 4,800만 년 최초 파충류 출현			
	석탄기 펜실베이니아기 1,900만 년 최초 곤충 출현			
	석탄기 미시시피기 4,100만 년 백합 번성			
	데본기 5,700만 년 최초 종자식물 출현 연골어류 출현			
	실루리아기 2,800만 년 초기 육상 동물 출현			
	오르도비스기 4,400만 년 초기 경골어류 출현			
	캄브리아기 5,400만 년 무척추동물, 완족동물, 삼엽충 출현			
선캄브리아대	에디아카라기 8,800만 년 극히 적은 수의 화석 발견 (박테리아, 조류, 꽃가루?)			

II. 지구과학의 증거

처음부터 복잡했다

오늘날의 동식물은 매우 복잡한 체제를 가지고 있다. 몸체 각 부분이 생명체의 기능을 수행하기 위해 완벽하게 설계되어 있고, 모든 부분이 서로 협동하며 기능을 수행한다. 다른 부분과 연계하지 않고 독자적으로 기능을 수행하는 부분은 없다. 생명체의 모든 부분은 특정한 목적을 수행하기 위해 존재한다. 진화론에서는 우연한 돌연변이에 의해 변화가 점점 축적되고 기능이 다른 부분이 서로 통합되어 새로운 개체가 만들어진다고 했다. 그러나 생물체는 특별한 목적을 가지고 설계되었음을 보여 준다.

삼엽충

진화가 아니라 멸종이다

화석 기록을 보면 생물이 멸종되었다는 증거를 많이 찾을 수 있다. 생물의 멸종은 진화론에서 필요한 부분이지만 이것은 진화가 아니다. 종류 내에서 종이 분화되는 것은 새로운 종이 유입되는 것과는 다르다. 진화론은 새로운 종류가 나타나야만 설명된다. 현대 과학으로 관찰한 바에 의하면, 새로운 종류는 보고된 적이 전혀 없으며 매일 수많은 종이 멸종되고 있다. 화석을 연구하면 이처럼 멸종된 생물을 많이 찾아볼 수 있다.

대부분의 화석은 해양 무척추동물 화석이다

지금까지 발견된 화석의 95%는 바다에서 서식하기에 적합한 해양 무척추동물의 화석이다. 일부 동물은 바닷물의 움직임이 큰 바닷가 근처에서 서식했지만, 일부는 파도의 영향을 받지 않는 깊은 바다에서 서식했다. 대부분의 척추동물 화석은 바다 물고기 화석이다. 육지 생물 화석은 대부분 식물 화석이며, 공룡이나 포유류 같은 육상 동물의 화석은 전체 화석의 1% 이내밖에 되지 않는다. 그런데도 교과서에는 육상 척추동물이 기재된 진화론 계통수가 수록되어 있다.

암모나이트

5% 이하 : 조류와 식물 화석
1% 이하 : 모든 척추동물 화석
95% : 해양 무척추동물, 주로 조개류 화석

처음부터 모든 생물 문이 나타난다

만약 진화론이 옳다면, 동물이 한 종에서 진화하여 점점 종이 많아졌을 것이다. 그러나 화석 증거를 보면 처음부터 모든 생물의 문(門, 강(綱)의 위이고 계(界)의 아래인 생물 분류 단위의 하나)이 동시에 출현하며 각 문에 속하는 생물은 다른 문에 속하는 생물과는 전혀 다른 완벽한 체제를 갖추고 있다. 척추를 가진 물고기가 캄브리아기 지층에서 발견되는데, 진화론자들은 이처럼 다양한 생물이 갑자기 출현하는 것을 "캄브리아기 대폭발"이라고 한다. 이러한 생물 중에 일부는 멸종되었지만 대부분 현재까지 존재하고 있다.

조상과 후손은 관련이 없다

진화론은 "공통 조상에서 나온 후손"이라는 개념을 가지고 있는데, 화석에 나타난 증거를 보면 이러한 연결 고리가 전혀 없다. 실제로 진화론에서 중간 형태라고 주장한 화석은 진화론자들에 의해서도 이의가 제기되었다.

대합조개

격변적 퇴적으로 묻힌 화석

바다 생물의 화석은 전형적으로 격변적 퇴적층에서 발견된다. 매우 활발하게 움직일 수 있는 바다 생물이라고 하더라도 격변적인 상황에서는 살아남지 못하고 살아 있는 상태에서 화석이 되었거나 죽어서 현재 발견되는 장소로 운반되었을 것이다. 이러한 격변적인 상황은 오늘날 볼 수 있는 지역적 홍수나 화산 폭발 같은 것이 아니라 엄청나게 강하고 빠른 과정이었을 것이다.

5천만 년 전의 물고기 화석.
오늘날의 물고기 모습과 전혀 차이가 없다.

삼엽충

완벽한 화석

찰스 다윈은 한 생물이 다른 생물로 변해 가는 중간 형태의 화석이 없다는 것을 매우 우려했고, 언젠가는 그러한 화석이 발견될 거라고 생각했다. 그가 그러한 주장을 한 이후 엄청나게 많은 화석이 발견되었지만, 중간 형태의 화석은 전혀 발견되지 않았다.

기본 유형은 안정성을 나타낸다

진화의 결과, 생물이 다양성을 나타내려면 진화 과정 중에 각 개체는 외형이 다양하게 변해야 하고, 집단은 개체가 나타내는 이러한 변화를 받아들여서 변해야 한다. 그러나 모든 생물은 조상과 기본적으로 같은 외형을 나타낸다. 만약 공통 조상에서 후손이 나왔다는 진화론이 옳다면, 각 단계의 집단 모두가 큰 변화를 나타내야 한다. 하지만 현재까지의 연구에 의하면 그러한 변화는 일어나지 않았다.

화석에 남아 있는 조직

많은 고생물학자가 지구 상에 나타난 지층이 수백만 년에서 수십억 년 되었다고 가정해 왔다. 그런데 공룡이나 다른 화석에서 발견되는 물렁한 조직에는 전혀 관심을 기울이지 않았다. 만약 진화론 연대가 옳다면, 이러한 화석은 오래전에 완벽하게 화석화되었거나 분해되었을 것이다. 생화학적 실험 결과로 보면, 생물 조직은 오랜 기간 보존될 수 없다. 그런데 생물 조직이 계속 발견되고 있다. 과학자들은 수백만 년 된 것으로 추정되는 화석에서 피부, 인대, 망막, 뼈, 혈관 등은 물론 단백질, 당, 색소 및 DNA 등의 물질을 발견했다.

과학자들은 모사사우루스라는 공룡의 심장과 간에서 헤모글로빈을 발견했다. 헤모글로빈은 수천 년 만에 분해되는 핏속 단백질로, 만약 이 화석이 실제로 수백만 년 되었다면 화석 속에 헤모글로빈이 남아 있을 수 없다.

많은 과학자가 이처럼 물렁한 조직의 일부 또는 전부가 광물화되었다고 보고했다. 광물화는 연약한 생체 조직 사이로 광물질이 풍부한 물이 침투해 들어갈 때 나타나는 현상으로, 뼈, 피부 등과 같은 조직 형태의 암석이 생기는 것을 말한다. 일부 조직은 광물화된 상태가 되기도 하지만, 일부는 물렁한 조직 화석으로 발견되기도 한다. 진화론 과학자들은 미국, 아르헨티나, 브라질, 영국, 독일, 스페인, 마다가스카르, 캐나다, 중국 등지에서 물렁한 조직이 남아 있는 화석이 발견되었다고 보고한 바 있다. 이러한 화석이 수백만 년 되었다면 물렁한 상태로 남아 있을 수 없다. 앞으로 더 많은 지역에서 이러한 자료가 보고될 것이다. 박물관에 있는 많은 화석에 대해서도 심층 연구가 진행되어야 할 것이다.

하드로사우루스의 미라화된 피부 확대 사진

1908년 스턴버그(Charles Sternberg)에 의해 발견된 하드로사우루스 화석 사진. 1912년 오스본(Henry F. Osborn)이 "트라코돈"(Trachodon)이라고 명명했다. 이 화석은 미국 와이오밍 주 랜스층(Lance Formation)에서 발견되었으며, 지금까지 발견된 공룡 화석 중에 보존 상태가 가장 좋다. 이 화석은 6,800만 년 된 것으로 알려졌으나, 방사성 탄소 연대측정법으로 측정해 본 결과 28,790년 된 것으로 밝혀졌다. 미국 몬태나 주의 헬 크리크 지층(Hell Creek Formation)에서 발견된 하드로사우루스 화석도 6,800만 년 된 것으로 알려졌으나, 실제로 20,850년 된 것으로 밝혀졌다. 또한, 하드로사우루스 화석과 티라노사우루스 화석에 피부 세포, 적혈구 세포, 뼈세포, 콜라겐, 엘라스틴, 히스톤 H4, 오스테오칼신 같은 단백질도 남아 있다고 밝혀졌다.

의문점

과학자들이 공룡의 콜라겐 단백질을 발표하자, 다른 과학자들은 이러한 단백질이 공룡의 것이 아닐 수 있다고 주장했다. 그들은 주변에 있던 다른 물질(예를 들면, 실험자가 먹은 음식)의 단백질 성분이 실험 재료에 들어갔을 수 있다고 했다. 또 다른 과학자들은 이러한 단백질이 박테리아의 오염으로 검출된 것이라고 주장했다. 그러나 박테리아는 콜라겐 단백질을 만들어 내지 못한다. 이러한 연구는 여러 실험실에서 다양하게 반복 실험하여 얻어진 것이므로 잘못될 가능성이 전혀 없다.

과학적 연구 결과

연구 결과, 단백질의 최대 보존 기간은 수천 년이라고 한다. 가장 오래 보존될 수 있는 단백질은 뼛속에 존재하는 콜라겐 단백질이다. 콜라겐은 수용성이 아니므로 쉽게 파괴되거나 다른 곳으로 이동하지 않는다. 뼛속 콜라겐은 온도가 높으면 빨리 분해된다. 10°C에서는 70만 년 이상 보존될 수 없고, 21°C에서는 2천 년 이상 보존될 수 없다. 따라서 콜라겐 화석이 7천만–1억 년 되었다는 주장은 믿을 수 없다. 대부분의 화석 연대는 수백만 년 이상으로 알려졌다. 이러한 화석 연대와 과학적으로 밝혀진 콜라겐 보존 기간의 차이에는 큰 모순이 있다.

모사사우루스는 해양 파충류로, 남극 대륙에서는 물론 모든 대륙에서 화석이 발견된다. 미국 캔자스 주의 니오브라라 석회암층(Niobrara Chalk Formation)에서 발견된 모사사우루스의 화석은 8,000만 년 된 것으로 알려졌다. 이것은 LA 자연사 박물관에서 40년 동안 전시되었는데, 과학자들이 조사한 결과 헤모글로빈, 보라색 망막, 케라틴 단백질로 이루어진 비늘 등이 발견되었다. 그리고 방사성 탄소 연대측정법으로 측정해 보니, 이 화석의 연대가 24,600년 된 것으로 나타났다. 진화론 과학자들은 재료가 오염되어 이처럼 짧은 연대가 나온 것이라고 주장했다.

최대 보존 기간

여기에 예로 든 주걱철갑상어, 모사사우루스, 하드로사우루스 화석의 연대를 독립적인 두 팀에서 각각 연구한 결과, 가장 긴 연대와 가장 짧은 연대를 정할 수 있었다.
1) 단백질의 보존 기간은 냉동 보존일 경우 최대 100만 년이다. 2) 방사성 탄소의 출입이 없을 경우 최대 보존 기간은 9만 년이다. 이처럼 최대 기간 보존된다고 하더라도 진화론적 연대보다는 훨씬 짧다.

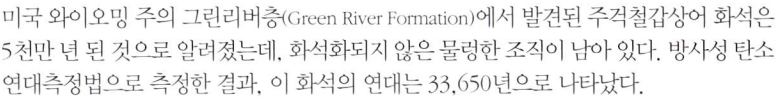

미국 와이오밍 주의 그린리버층(Green River Formation)에서 발견된 주걱철갑상어 화석은 5천만 년 된 것으로 알려졌는데, 화석화되지 않은 물렁한 조직이 남아 있다. 방사성 탄소 연대측정법으로 측정한 결과, 이 화석의 연대는 33,650년으로 나타났다.

동물	진화론의 추정 연대 (백만 년)	발견된 물질	발표 날짜	참고 문헌
티라노사우루스	68	콜라겐	2007. 6	Schweitzer, M. *Science*
프시타코사우루스	125	콜라겐	2008. 4	Linghan-Soliar, T. *Proc. RSB*
하드로사우루스	80	엘라스틴	2009. 7	Schweitzer, M. *Science*
모사사우루스	65–68	헤모글로빈	2010. 8	Lindgren, J. *PLoS ONE*
도마뱀	40	케라틴	2011. 3	Edwards, N. P. *Pros. RSB*
모사사우루스	70	콜라겐	2011. 4	San Antonio, J. D. *PloS ONE*
오징어	160	유멜라닌	2012. 5	Glass, K. *PNAS*
전갈	310	키틴+단백질	2011. 2	Cody, G. D. *Geology*

이 표에 나타난 화석은 1년 동안 계속된 노아 대홍수 기간에 만들어진 것으로 추정된다. 홍수 이후 빙하기에 나타난 지역적 격변에 의해서 물렁한 조직으로 된 화석이 만들어졌을 것이다. 지구 나이가 수백만 년 되었다고 주장하는 고생물학자들은 이처럼 물렁한 조직이 발견된 것에 대해 아무 설명도 하지 못하고 있다.

판구조론

오늘날 지구의 표면은 여러 개의 판이 서로 연관되어 움직이는 것으로 관찰되고 있다. 이 판의 경계 부근은 판이 움직이기 때문에 지진이 활발하게 일어난다.

1860년대에 창조론자들이 판구조론을 처음 제안했고, 1960년대에 진화론자들이 지질학적 판을 관찰하면서 이 이론을 받아들였다. 오늘날 제시된 진화론적 판구조론은 지각이 판 아래에 위치한 액체성 물질에 떠 있다가 원래 위치에서 매우 느린 속도로 다른 곳으로 이동한다는 이론이다. 남아메리카 동부 해안선과 아프리카 서부 해안선을 맞추면 정확하게 들어맞으며, 대륙을 원래 위치로 이동시키면 두 대륙에 있는 단층과 산맥이 서로 연결된다는 점을 증거로 들 수 있다.

판의 이동 속도는 매우 느려서 위성에 설치된 GPS 측정 장치로만 측정이 가능하다. 최근에는 판이 빠르게 이동하고 있다는 사실이 확인되었다.

창조 당시 땅이 한 덩어리였건 아니었건 간에 대홍수 중에는 한 덩어리였을 것이다. 창조론 지구 물리학자들은 암석의 층과 경계를 볼 때, 홍수가 최고로 높았을 때는 한 덩어리였는데 대홍수 이후에 서로 분리되었을 것으로 판단하고 있다.

미국 캘리포니아 주에 있는 샌안드레아스 단층

네팔에 있는 히말라야 산맥의 마나슬루 봉

일부 판은 인접한 판과 수평 방향으로 산발적 이동을 하며, 미국 캘리포니아 주의 샌안드레아스 단층(San Andreas Fault)에서 볼 수 있다. 다른 예는 대서양 중앙에서 볼 수 있는데, 두 판이 움직이면서 판 사이에 거대한 해령을 형성하고 있다. 두 판이 서로 부딪히면 히말라야 같은 높은 산맥이 형성되기도 한다. 또한, 무겁고 단단한 해양판이 비교적 덜 단단한 대륙판 아래로 밀려 들어가며 부딪히는 곳에서 화산이나 지진이 발생하기도 하고, 그 결과 쓰나미가 일어나기도 한다.

격변적 판구조론

판구조 자료는 진화론자들이 주장하는 것처럼 오랜 기간에 걸쳐 서서히 이동했다는 것보다 성경에 기록된 짧은 기간에 이동했다는 이론에 더 잘 맞는다. 성경에서는 "큰 깊음의 샘들이 터지며"(창 7:11) 대홍수가 시작되었다고 말한다. 성경을 통해 연이어 일어나는 판 이동까지도 설명할 수 있을 뿐 아니라 홍수 이후의 지각 판이 현재의 위치로 재배치된 것까지도 모두 설명할 수 있다.

대서양 판이 인접한 대륙판 아래로 빠르게 밀려 들어갔음을 보여 주는 증거가 있다. 이러한 현상은 현무암성인 해양판이 화강암성인 대륙판보다 더 치밀하고 무거워 아래쪽으로 움직이려는 성질 때문에 일어난다. 초기 대륙이 분리될 때 남은 물질들이 지구 내부의 맨틀과 핵 사이의 경계 근처인 깊은 곳에 위치하고 있음이 밝혀졌다. 대홍수와 같은 거대한 지각 변동으로 지각이 깨져 느슨하게 되었고, 그중 일부가 지구 내부로 빠르게 밀려 들어갔음을 알 수 있다.

성경에는 대홍수로 물의 높이가 최고로 높았을 때 모든 산이 잠겼다고 기록되어 있다. 홍수가 끝났을 때 깊은 곳으로 물이 물러가서 오늘날의 바다가 되었다. 성경에는 대홍수가 시적으로 표현되어 있다. "옷으로 덮음같이 주께서 땅을 깊은 바다로 덮으시매 물이 산들 위로 솟아올랐으나 주께서 꾸짖으시니 물은 도망하며 주의 우렛소리로 말미암아 빨리 가며 주께서 그들을 위하여 정하여 주신 곳으로 흘러갔고 산은 오르고 골짜기는 내려갔나이다"(시 104:6-8). 바다를 깊게 만들고 대륙이 올라가는 과정에는 전 지구적 판 이동이 일어났을 것이다.

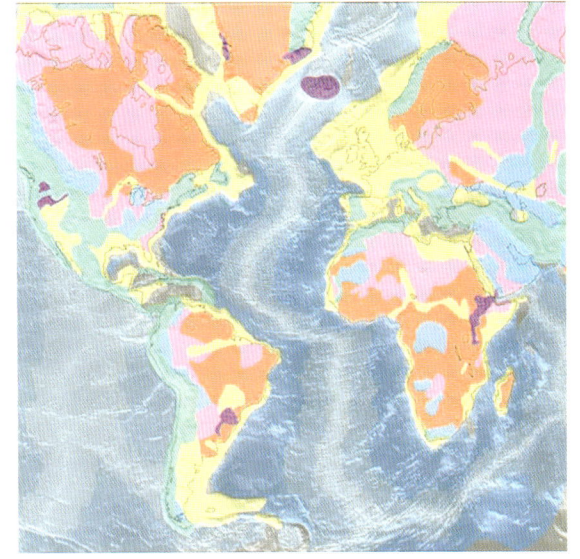

맨틀 물질이 대양판 사이의 틈으로 솟아 나와서 대서양 중앙 해령을 형성한 그림이다. 한쪽 끝에는 대양판이 대륙판 아래로 밀려 들어가는 섭입(攝入)이 빠르게 일어나고 있음을 보여 준다. 과거에는 두 판이 오늘날보다 훨씬 빠르게 이동했고, 두 판이 부딪히는 선을 따라 거대한 화산 활동이 있었을 것이다.

대륙이 서로 분리되고 깊은 계곡이 만들어졌으므로 지각 변동이 중요한 역할을 했다는 것은 틀림없는 사실이다. 이러한 과정은 현대 지질학에서 주장하는 것처럼 오랜 기간 천천히 일어난 것이 아니라 급격하게 일어났을 것이다. 대륙은 이리저리 떠돌아다니는 것이 아니라 빠른 속도로 다른 위치로 이동했다. 그 결과 물이 빠지는 통로가 만들어졌고 땅이 드러나게 되었다. 대홍수에 사용된 물이 없어질 필요는 없고 땅이 드러나도록 재배치하면 되는 것이다. 동시에 새로운 대양판이 형성되었고, 현무암질의 마그마가 중앙의 틈으로 흘러나오는 현상이 일어나게 되었다.

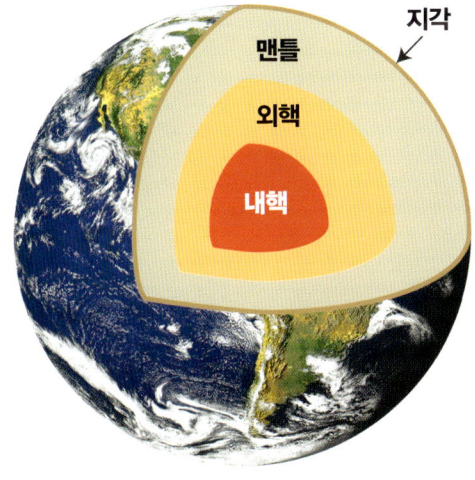

격변적 판 이동은 "큰 깊음의 샘들이 터지며"(창 7:11) 시작되었다. 이것은 지각이 깨졌고 깨진 틈으로 맨틀 물질과 물이 함께 분출했음을 나타낸다. 대홍수 과정 중에는 지구를 구성하는 물질이 녹아서 기울어지고, 뒤집히고, 구부러지고, 평평하게 되고, 묻히고, 상승하는 등 급격한 변화가 일어났을 것이다. 지질학자들은 차가운 대양판이 지각판 아래로 깊게 섭입되는 현상을 관찰하고 있다. 이러한 섭입이 수백만 년 전에 일어났다면 섭입된 대양판이 왜 아직도 차가운 상태로 남아 있는지를 설명할 수 없다. 그러나 섭입이 대홍수 때 일어났다면 아직 차가운 상태로 남아 있는 현상을 합리적으로 설명할 수 있다.

과거에 용암이 유출되는 규모는 오늘날 일어나는 것보다 훨씬 컸다. 예를 들면, 인도의 데칸 트랩(Deccan Trap)에는 물을 가지고 있는 퇴적층이 용암층 사이에 있는데, 이러한 구조는 대륙 지각의 깨진 틈 여러 곳으로 상상할 수 없을 정도로 엄청난 양의 용암이 빠르게 유출되고 그것이 식거나 굳기 전에 넓은 지역을 덮어서 형성된 것이다. 데칸 트랩은 대홍수 기간에 있었던 격렬한 지각 재구성 활동으로 형성되었을 것이다.

세인트헬렌스 산

현재 관찰되는 지질학적 지형은 물이 적은 상태에서 오랜 기간에 걸쳐 만들어졌거나, 물이 많은 상태에서 짧은 기간에 만들어졌거나 둘 중 하나여야 한다. 우리는 노아 대홍수를 직접 경험하지는 못했지만, 노아 홍수보다는 훨씬 작은 규모로 최근에 일어난 소격변의 결과가 노아 대홍수와 유사하다는 것을 알 수 있다. 많은 지질학자가 오랜 기간에 걸쳐 형성되었을 거라고 해석했던 대표적인 지표 지형이 홍수의 결과로 만들어질 수 있다는 증거가 있다. 이 증거는 홍수가 짧은 기간에 일어났다고 한 성경 내용과도 일치한다. 실제로 여러 가지 증거를 면밀히 조사해 보면, 지구의 나이는 오래되지 않았다는 것을 알 수 있으며, 격변적 대홍수가 전 지구적으로 일어났음을 확증할 수 있다.

스피릿 호수에 거꾸로 서 있는 나무 매트

미국 워싱턴 주 남부에 있는 세인트헬렌스 산은 1980년 분출 당시 화산 폭발, 침식 작용, 퇴적 작용, 암석화 작용, 화석화 작용 등의 현상이 매우 짧은 기간에 일어날 수 있음을 보여 주었다. 세인트헬렌스 산 분출은 화산 폭발이었지만, 그 가운데 나타난 여러 가지 과정과 결과가 대홍수와 매우 유사했다. 바로 만년설 때문이었다. 화산이 뜨거워지면서 산 전체를 덮고 있는 두꺼운 만년설이 녹았고, 만년설이 녹아서 만들어진 많은 물이 산의 북쪽 면으로 흘러내렸다. 화산 분출물과 화산재가 함께 섞인 화산성 쇄설물이 마치 쓰나미처럼 산 아래쪽으로 격렬하게 흘러내리면서 울창했던 삼림과 산의 아래쪽 면을 완전히 파괴했다. 그 결과 일부 지층은 매우 빠르게 침식되었고, 진화론 지질학자들이 오래되었을 거라고 생각하던 지층과 매우 유사한 지층이 만들어졌다.

화산 분출 결과 산 아래쪽에 약 180m 두께의 퇴적층이 만들어졌고, 이러한 퇴적층은 불과 수년 만에 딱딱한 암석으로 변하게 되었다. 그리고 몇 년 후 어느 날 오후에 일어난 추가 분출로 그랜드캐니언의 축소판인 협곡이 만들어졌다.

세인트헬렌스 산 주변에서는 불과 2-3년 만에 나무가 화석화되었고 석탄이 만들어졌다. 이러한 현상은 수백만 년에 걸쳐 일어났을 거라고 추측한 현상이었다.

화산성 쇄설물이 단단해져서 만들어진 지층

세인트헬렌스 산에서 얻은 교훈

- 180m 두께의 퇴적층이 짧은 기간에 만들어질 수 있었는데, 이는 전 세계적으로 관찰되는 지질학적 퇴적층과 동일한 것이었다.
- 이러한 퇴적 지층에 "작은 그랜드캐니언"이라고 할 수 있는 협곡이 어느 날 오후 짧은 기간에 만들어졌다.
- 최근에 만들어진 화산암인 석영 안산암의 연대가 수십 년(화산 폭발 당시에 만들어짐)인데, 방사성 동위원소 연대측정법으로 측정한 결과 수백만 년 된 것으로 나타났다.
- 격변으로 인해 산 주변에 있던 400만 그루 이상의 나무가 주변 호수에 나무 매트 형태로 떠 있다.
- 나무 매트 아래에 두꺼운 토탄층이 쌓여 있는데, 만약 이 층이 흙 속에 묻히면 석탄으로 변하게 될 것이다.
- 수직으로 똑바로 선 채 호수에 떠 있는 수많은 나무가 옐로스톤 국립공원의 화석화된 숲과 마찬가지로 마치 호수에 살고 있었던 것처럼 보인다.

어느 날 오후 분출이 일어나 협곡이 만들어진 퇴적층

빙하기

노아 대홍수는 지구 표면만이 아니라 기후까지도 변하게 했다. 홍수 이후 고위도 지역에 얼음으로 덮인 면적이 점점 늘어났고, 높은 산 정상에도 만년설이 형성되었다. 그렇게 지구가 비로소 빙하기에 접어들게 되었다.

창세기 7장 11절을 보면 홍수가 "큰 깊음의 샘들이 터지며" 시작되었다고 한다. 이것은 엄청난 화산 활동을 의미한다. 화산 활동은 홍수 이후 수년 동안 지속해서 기후 변화를 유발했다. 화산이 분출하면서 바다의 수온이 높아져 바다에서 증발되는 수증기가 늘어났다. 그러면서 강수량이 늘고 고위도 지역의 강설량 또한 증가했다. 대홍수의 화산 활동은 현미경으로 관찰할 수 있는 크기의 입자인 에어로졸을 대기 중으로 분출했다. 이로 인해 태양 빛이 반사되면서 여름에도 기온이 높지 않게 되었고, 눈이 녹지 않아 만년설로 변하게 되었다. 에어로졸은 대기 중에 6-7년간 남아 있을 수 있는데, 대홍수 말기에 계속 이어진 화산 활동으로 새로 형성된 에어로졸과 합쳐지게 되었다. 시간이 지나면서 에어로졸이 점점 적게 분사되었고, 그 결과 햇빛에 얼음이 녹기 시작했다. 빙하기 동안 일부 지역의 빙하는 수백 미터 두께로 형성되었고, 빙하가 녹으면서 해수면이 높아졌다.

빙하기 동안에는 현재보다 더 넓은 지역이 빙하로 덮여 있었는데, 모든 땅이 덮인 것은 아니었다. 적도와 가까운 지역은 열대 기후가 유지되어 공룡과 같은 냉혈 파충류와 온혈 동물들이 서식하고 번성할 수 있었다.

거대 동물인 검치호(Saber-toothed tiger)는 고양잇과의 동물로, 털매머드 화석과 마찬가지로 대홍수 이후 쌓인 화석 침전물에서 화석이 발견된다. 검치호는 인간이 지구 전체를 지배하면서 점차 멸종되었다.

필리핀의 피나투보 화산 분출

피나투보 화산은 필리핀 루손 섬에 있는 활화산으로, 1991년에 폭발하면서 대기 중으로 에어로졸을 분출하여 대기 온도가 약간 떨어졌다. 전 지구적으로 폭발한 이 화산은 빙하기를 유발한 대홍수 당시의 화산과 비교하면 극히 작은 규모의 화산 폭발에 지나지 않는다. 다른 화산도 마찬가지다.

털코뿔소는 멸종된 유형이다. 프랑스의 쇼베(Chauvet) 동굴에서 털코뿔소, 말, 소, 동굴사자, 곰 등 많은 동물의 그림이 발견되었다.

매머드는 방주에 들어간 코끼리 종류의 하나라고 추정된다. 대홍수 이후 포식 동물이 적고 초목이 무성했기 때문에 이들이 한동안 번성했을 것이다. 그러나 일부는 빙하기 때 거대 폭풍에 휩쓸렸고, 나머지는 인간의 사냥으로 인해 멸종되었다.

전 세계의 홍수 전설

오늘날 전 세계 대부분의 문명은 홍수 전설을 가지고 있다. 오늘날 지구 상에 살고 있는 모든 민족은 노아 방주에 탔던 8명의 후손인 것이다. 각각의 홍수 전설은 조금씩 다르지만 핵심 내용은 모두 같다. 사람들의 죄로 인하여 하나님이 조상들의 황금시대를 멸하셨고, 신실한 가족이 홍수에 대비하여 큰 배를 만들었으며, 그로 인해 온 가족이 생명을 구원받았다는 내용이다.

1493년에 발행된 『뉘른베르크 연대기』(Nuremberg Chronicle)에 있는 노아의 방주 제작 그림. 중세 시대의 옷을 입고 있는 모습으로 그려져 있다.

므낫세 연대기

콘스탄틴 므낫세(Constantine Manasses)는 12세기 비잔틴 제국의 역사가다. 그는 세상의 창조, 대홍수와 노아의 방주, 트로이 전쟁, 로마 제국의 건설, 로마와 비잔틴 제국의 시대적 역사 개요를 그림으로 표현했다. 므낫세는 물론 그를 후원했던 사람들이나 독자들 모두 노아 대홍수와 성경에 나온 이야기는 모두 실제 역사라고 이해했다.

묘족의 대홍수 노래

몽족(Hmong)이라고도 알려진 묘족(Miao)은 중국, 베트남, 라오스, 태국 등 아시아 지역에 살고 있는 소수 민족이다. 이들은 "묘족의 대홍수 노래"를 가지고 있다. 고대 묘족은 글자가 없어 자신들의 전설을 노래로 기억해 후대에 전승했다. 이 노래는 세상의 창조, 큰 홍수와 나무로 만든 북에 올라타서 살아남은 이야기, 모든 사람이 한 가지 언어를 사용하다가 서로 다른 언어를 사용하면서 알아듣지 못해 결국 분리되었다는 이야기까지 모두 창세기 기록과 일치하는 전설을 가지고 있다. 이들의 구전된 전설에는 자신들이 Nuah(노아)의 셋째 아들인 Jah-phu(야부) 혹은 Japheth(야벳)의 자손이라는 이야기도 있다.

스페인 카탈로니아 지방 산트 쿠가트 델 바예스(Sant Cugat del Vallès)에 있는 산트 쿠가트 수도원의 기둥 맨 윗부분. 이 수도원은 9세기에 지어져 14세기에 완성되었다.

길가메시 서사시에 기록된 홍수 사건

「길가메시 서사시」(The Epic of Gilgamesh)는 메소포타미아의 길가메시 왕에 관한 기록으로, 진흙으로 만든 12개의 판에 설형 문자로 기록되어 있다. 그중 하나에는 길가메시와 우트나피시팀(Utnapishtim)이 만나는 이야기가 기록되어 있다. 우트나피시팀은 노아처럼 하나님의 홍수 계획을 알고 자기 가족과 숙련된 사람들, 가축 및 야생 동물을 살리기 위해서 큰 배를 만들었다. 홍수가 일어나 모든 사람이 죽었지만, 배에 탄 사람들은 6일 동안 살아남았고 배가 산꼭대기에 머물렀다. 우트나피시팀은 물이 물러가고 마른 땅이 있는지 알아보기 위해 여러 마리의 새를 날려 보냈다는 내용이 기록되어 있다.

하피즈 압루(Hafiz Abru)는 1400년대 페르시아 역사가로, 티무르 왕조를 세우고 투르크를 지배했던 티무르의 아들 샤 루크(Shah Rukh)를 섬겼던 인물이다. 그는 샤 루크의 명령으로 노아의 방주는 물론 역사와 지리에 관해 많은 자료를 수집했다.

비라코차

고대 잉카인들은 그들의 창조주인 비라코차(Viracocha)가 땅과 하늘, 거인들을 창조했다는 전설을 가지고 있다. 거인들이 비라코차를 화나게 하여 비라코차가 큰 홍수로 모두를 멸망시켰는데, 상자에 탄 남녀 한 명씩이 구원받았고 비라코차가 새로운 인종을 만들어서 세상에 보냈다는 내용이다.

방사성 탄소 연대측정법

방사성 탄소 연대측정법은 과학자들이 어떤 물체의 연대를 측정하기 위해서 사용하는 방법이다. 어떤 생명체든 출생증명서와 같은 역사적 기록이 없으면 나이를 직접 알 수 없다. 방사성 탄소 연대측정법은 어떤 물체 내에 남아 있는 탄소-14가 얼마나 없어지고 얼마나 남아 있는지를 알아내어 연대를 추정하는 것이다.

공룡 뼈와 같이 수천만 년 이상 되었다고 하는 물체의 연대를 방사성 탄소 연대측정법으로 측정해 보면, 수만 년 된 것으로 측정된다. 따라서 방사성 탄소 연대측정법은 신뢰도가 떨어지는 방법이다. 탄소-14는 매우 빨리 붕괴되므로 수백만 년 된 물체에서는 방사성 탄소가 검출될 수 없다. 그러나 수백만 년 되었다고 주장하는 물체에서도 방사성 탄소가 남아 있는 것으로 검출된다.

미국 캘리포니아 주의 중생대 백악기 지층에서 발견된 암모나이트와 나무 화석은 약 1억2천만 년 된 것으로 알려졌다. 그러나 이 화석의 연대를 방사성 탄소 연대측정법으로 측정한 결과, 암모나이트 화석은 36,400-48,710년, 나무 화석은 32,780-42,390년 된 것으로 확인되었다.

방사성 탄소란?

탄소는 세 가지 종류가 있다. 탄소-12, 탄소-13, 탄소-14로 이것을 '동위원소'라고 한다. 탄소-14의 반감기는 5,730년으로, 5,730년이 지나면 어떤 물체 내에 들어 있는 탄소의 양이 절반으로 줄어든다. 따라서 103,140년이 지나면 반감기가 18번 반복하여 진행되는데, 이 기간이 지나면 물체에 남아 있는 탄소의 양이 너무 적어서 검출할 수 없게 된다.

이 화석은 미국 몬태나 주 헬 크리크 지층에서 발견된 하드로사우루스 공룡 뼈 화석으로 6,800만 년 되었다고 알려졌다. 그러나 방사성 탄소 연대측정법으로 측정한 결과, 20,850년 된 것으로 나왔다. 이는 곧 수백만 년 되었다고 주장하는 뼈에서 10만 년이 지나면 검출할 수 없는 탄소-14가 검출되었다는 말이다.

II. 지구과학의 증거

미국의 석탄층에서 채취한 이 석탄 덩어리는 4천만~3억2천만 년 되었을 거라고 했으나, 방사성 탄소 연대측정법으로 측정한 결과, 48,000~50,000년 된 것으로 나왔다.

사람의 두개골 화석을 방사성 탄소 연대측정법으로 측정한 결과, 역사적 기록으로 확인되는 정도의 연대와 일치하는 것으로 나왔다.

자연산 다이아몬드는 10~20억 년 된 것으로 알려졌으나, 이 다이아몬드에는 방사성 탄소가 남아 있는 것으로 측정되었고, 약 55,000년 된 것으로 확인되었다.

미라에도 방사성 탄소가 남아 있어 방사성 탄소 연대측정법으로 연대를 측정할 수 있다. 그러나 이집트 미라가 발견된 무덤에는 상형 문자 형태의 역사적 기록이 남아 있어 미라의 연대를 알 수 있기도 하다.

방사성 동위원소 연대측정법

방사성 동위원소 연대측정법은 암석의 연대를 측정하기 위해 사용하는 방법이다. 지질학자들은 암석의 연대를 직접 측정할 수 없으므로 원래부터 있던 모원소와 새로 만들어지는 딸원소가 함께 남아 있는 암석을 분석한다. 모원소가 방사능 입자를 내보내면서 딸원소로 변하게 되기 때문이다. 이러한 연구에는 세 가지 중요한 가정이 있어야 한다. 첫째, 암석이 처음 만들어질 때 암석에는 딸원소가 전혀 없어야 한다. 둘째, 암석에 모원소나 딸원소가 들어가거나 빠져나가지 않아야 한다. 셋째, 모원소가 붕괴되어 딸원소로 변하는 비율이 시간과 관계없이 항상 일정해야 한다.

이러한 문제점에 대하여 예를 들어 보자. 어떤 사람이 껍질을 깎은 사과 35개가 들어 있는 바구니를 당신에게 주었다고 가정하자. 그런데 사과 한 개를 깎는 데 약 1분이 걸린다고 하면, 당신은 그 사람이 바구니 속의 사과를 모두 깎는 데 35분이 걸렸을 거라고 생각할 것이다. 그러나 이렇게 생각하는 것은 문제가 있다. 왜 35개 사과를 모두 그 사람이 쉬지 않고 깎았을 것이라고 생각하는가? 사과를 깎을 때 중간중간 쉬어 가면서 깎았을 것이라고는 생각하지 않는가? 사과를 깎으면서 몇 개 먹었을 수도 있지 않겠는가? 일부 사과는 한 개를 깎는 데 시간이 더 많이 걸릴 수도 있지 않겠는가? 즉, 사과 깎는 장면을 관찰하지 않고 35개의 사과를 깎는 데 35분이 걸렸을 거라고 생각하는 것은 합리적인 결론이 아니다.

암석의 연대를 측정하는 것도 마찬가지다. 과학자들은 토륨-228, 라돈22, 실리콘-32와 같은 방사성 동위원소의 붕괴율이 일정치 않고 변동이 크다는 것을 관찰했다. 이러한 원소들은 암석의 연대를 측정하는 데 사용되지는 않지만, 방사성 붕괴율이 항상 일정한 것은 아니다. 또한, 특정 날짜에 만들어진 것으로 확인된 암석의 방사성 동위원소 연대를 측정해 보면, 실제 연대보다 훨씬 길게 측정된다. 예를 들면, 세인트헬렌스 산의 분화구에서 발견된 암석은 실제로는 30년 전에 형성된 것이지만, 방사성 동위원소 연대측정법으로 측정하면 수백만 년 된 것으로 나온다. 이처럼 방사성 동위원소 연대측정법은 연대를 측정하기에는 문제가 많은 방법이다.

방사성 동위원소 연대측정법은 화산성 암석의 연대를 측정하는 데 사용된다. 방사성 탄소 연대측정법은 공룡 뼈처럼 과거에 살았던 생물의 잔해 속 유기물에 탄소-14가 얼마나 남았는지 측정하는 방법이다.

II. 지구과학의 증거

RATE 프로젝트

과학자들은 정확하지 않은 방사성 동위원소 연대 측정법의 원인을 분석하여 RATE(Radioisotopes and the Age of the Earth) 프로젝트를 실시했고, 그 결과를 2005년에 발표했다. 화강암 속에 들어 있는 아주 작은 지르콘 결정에는 많은 양의 헬륨이 들어 있는 것을 발견했다. 헬륨은 지르콘 결정을 쉽게 빠져나갈 수 있다. 만약 이 화강암이 수십억 년 된 것이라면, 지르콘 결정 내의 헬륨은 이미 다 빠져나가고 조금도 남아 있지 않을 것이다. 그러나 수십억 년 된 것으로 알려진 화강암의 지르콘 결정이 헬륨을 가지고 있었다.

화강암은 화산 폭발 시 뜨거운 온도에서 만들어지는 암석으로, 주로 대륙판을 구성하고 있다.

방사성 동위원소 연대측정을 위해 RATE 프로젝트를 수행하려면 화강암을 가루로 만들어야 한다.

과학자들은 또한 화강암 내에서 특정 광물의 흔적인 방사성할로(radiohalo)를 찾아냈는데, 이것은 아주 작아서 현미경으로 관찰되는 크기다. 방사성 동위원소인 폴로늄-210은 입자를 방출하여 납-206으로 빠르게 변한다. 액체로 된 뜨거운 마그마가 식어서 화강암으로 변하는 과정에 특정한 온도 범위의 짧은 기간에만 존재할 수 있는 폴로늄-방사성할로가 화강암 내에서 관찰되었다. 과학자들은 우라늄-방사성할로 근처에서 짧은 기간에만 존재하는 폴로늄-방사성할로를 많이 관찰했는데, 이는 예상치 못한 결과였다. 헬륨과 방사성할로가 관찰된 것은 화강암이 수십억 년 될 수 없다는 것을 증명한다.

과학자들은 질량 분석계를 사용하여 화강암 속의 동위원소 질량이나 상대적 농도를 분석한다.

III. 물리학의 증거

"하나님이 두 큰 광명체를 만드사
큰 광명체로 낮을 주관하게 하시고
작은 광명체로 밤을 주관하게 하시며
또 별들을 만드시고"
(창 1:16).

하나님이 만드신 물리학 법칙

성경에서는 예수님이 만물을 창조하셨다고 가르친다(요 1장). 우주의 모든 물질과 에너지는 하나님으로부터 시작되었다. 물질은 공간을 차지하고, 질량을 가지며, 양성자, 중성자 및 전자로 이루어진 원자로 구성된다. 에너지는 물체가 가지고 있는, 일을 할 수 있는 능력을 말한다. 성경에는 예수 그리스도가 능력의 말씀으로 만물을 붙들고 계신다고 기록되어 있다(히 1:3). 모든 원자는 하나님이 통제하고 계시며, 물질과 에너지는 일정하게 예측 가능한 방법으로 움직이고 있다. 이것을 "물리학 법칙"이라고 부른다. 이 법칙에 따르면, 물질과 에너지가 나타내는 물리적 특성은 서로 다른 환경에서 작용한다.

열역학 제1법칙은 "에너지 보존 법칙"이라고도 하는데, "우주와 같은 고립계에서 에너지는 생성되지도 소멸되지도 않으며 이전되거나 변형될 뿐"이라는 것이다. 이는 하나님이 더 이상 새로운 물질을 창조하지 않으시고(창 2:2) 이전에 창조하신 것을 지키시기 때문이다(히 1:3, 골 1:17). 열역학 법칙은 "엔트로피"라는 에너지양에 대해서도 다룬다. 엔트로피는 사용하지 않는 에너지양을 말한다. 사용할 수 있는, 에너지가 낮은 엔트로피를 가진 경우도 있고, 사용할 수 없는, 에너지가 높은 엔트로피를 가진 경우도 있다.
열역학 제2법칙은 "엔트로피 증가 법칙"이라고도 하는데, "우주와 같이 평형 상태가 아닌 고립계에서는 시간이 지날수록 엔트로피가 증가하는 경향을 보인다"는 것이다. 이 법칙은 우주의 에너지양은 변할 수 없는 반면, 에너지의 질은 계속해서 감소한다는 사실을 뒷받침한다.

아이작 뉴턴

아이작 뉴턴(Isaac Newton, 1643-1727)은 역대 가장 영향력 있는 영국의 과학자로, 1665년 이항 정리 일반화를 발견하고 이후 미적분학으로 발전되는 수학 이론 공식을 만들기 시작했다. 수학과 물리학을 전공한 뉴턴은 1669년 케임브리지대학교 수학 석좌 교수로 임명되었고, 1671년에는 왕립협회 회원이 되었다. 그는 과학 연구로 유명했지만 성경도 진지하게 공부하여 몇 권의 신학책을 출판하기도 했다. 영국 런던 웨스트민스터 사원에 안장된 뉴턴의 무덤에는 다음과 같은 비문이 적혀 있다. "자연과 자연 법칙은 어둠 속에 숨겨져 있었다. 하나님이 '뉴턴이 있으라' 하시니 빛이 만물을 비추었다." 이것은 영국 시인 알렉산더 포프(Alexander Pope)가 쓴 추모 글이다.

뉴턴의 진자

Ⅲ. 물리학의 증거

흔들리는 시계추는 열역학 제1법칙 및 제2법칙을 잘 나타내고 있다. 시계추는 에너지가 공급되면 움직이게 된다(열역학 제1법칙). 에너지가 더 이상 공급되지 않으면 흔들림이 점점 느려지고 결국 정지하게 되며 공급되던 에너지는 주위로 흩어지게 된다(열역학 제2법칙).

뉴턴은 많은 광학 연구 및 빛 반사 연구를 수행했는데, 프리즘이 어떻게 백색광을 분산시켜 컬러 스펙트럼을 만들어 낼 수 있는지 밝혀냈다. 이러한 연구로 오늘날 "뉴턴망원경"으로 알려진 반사 망원경을 만들 수 있었다. 백색광을 분산시켜 컬러 스펙트럼으로 에너지를 변형시키는 현상은 열역학 제1법칙을 나타내고 있다.

뉴턴의 운동 법칙

뉴턴은 전통적 역학의 근본인 세 가지 운동 법칙을 만들었다. 운동 제1법칙은 "불균형의 힘이 작용하지 않는 한 정지 상태에 있는 물체는 정지 상태를 유지한다"는 것으로 "관성의 법칙"이라고도 한다. 마찬가지로 운동하는 물체는 불균형의 힘이 작동하지 않는 한 동일한 속도로 계속 움직인다. 따라서 우리는 달리는 차 안에서는 반드시 안전벨트를 매야 한다. 자동차가 갑자기 정지하면 몸이 앞으로 나아가 큰 부상을 입을 수 있기 때문이다.

운동 제2법칙은 "물체에 힘이 작용하면 가속도가 나타나는 것"을 말하는데, 물체의 질량이 클수록 큰 힘이 필요하다. 즉, 공을 움직이려면 적은 힘만 있으면 되지만 자동차를 움직이려면 더 많은 힘이 필요하다.

운동 제3법칙은 "작용—반작용의 법칙"이라고도 한다. 이는 우리가 힘을 가해서 책상을 밀면 책상도 같은 힘으로 우리를 밀어내는 반작용이 나타난다는 말이다. 사람들이 책상이나 책장에 올려놓는 뉴턴의 진자는 운동 제3법칙을 나타내는 장식품이다.

뉴턴의 세 가지 운동 법칙은 모두 열역학 제1법칙을 설명한다. 즉, 한 시스템 안의 에너지(이 경우에는 운동)는 생성되거나 파멸되지 않고 다른 형태로 바뀔 뿐이라는 것이다.

뉴턴은 1687년 『자연철학의 수학적 원리』(Philosophiæ Naturalis Principia Mathematica) 초판을 출간했다(1825년 『The Mathematical Principles of Natural Philosophy』로 번역됨). 이 책은 과학 역사상 가장 훌륭한 단행본으로 인정받았다. 뉴턴은 이 책 2판의 '일반 주해'(General Scholium)에서 다음과 같이 말한다. "태양, 행성 및 혜성으로 이루어진 가장 아름다운 우주계는 지적이고 강력한 존재의 지도와 지배로 계속 유지될 수 있다. 이 절대자는 전 세계의 영혼과 모든 것을 지배하지만 '절대자 하나님', '판토크라토르' 또는 '우주의 지배자'로 불리기를 원하지는 않는다."

빅뱅 이론의 문제점

우주는 어떻게 시작되었을까? 사람들은 "우주가 수십억 년 전 무(無)에서 시작해 빅뱅에 의해 존재하기 시작했다"고 말하기도 한다.

빅뱅 이론은 많은 사람에게 알려진 일반적인 이론이지만, 앞으로 관찰될 내용에 대해서는 예측할 수 없으므로 과학의 정의와 맞지 않는다. 또한, 빅뱅은 원소의 상대적 존재 비율, 우주 확대 또는 은하계 분포 같은 우주의 특성에 대해 어떠한 설명도 하지 못한다. 이러한 특성에 대해서는 어느 정도 알려져 있지만, 빅뱅 이론으로는 전혀 설명할 수 없는 것이다. 그 대신 빅뱅 이론은 이러한 우주의 특성 또는 운동을 설명하기 위해 변형되고 있다. 따라서 빅뱅 이론은 과학 이론이 아닌 "철학적 해석 틀"이라고 할 수 있다.

빅뱅 주창자들은 우주가 "양자 역학 변동" 또는 무로부터 시작되어 존재할 수 있었다고 추측한다. 물론 이러한 주장은 실험을 통해 관측되거나 확인되지는 않았으며, 실험 방법에 대해 논의된 사실조차 없다.

미국 뉴저지 주 홈델(Holmdel)에 있는 벨연구소에 설치된 혼 안테나(Horn Antenna). 1964년 로버트 윌슨(Robert Wilson)과 아르노 펜지아스(Arno Penzias)는 이 장비로 우주배경복사를 관찰했고, 1978년 노벨 물리학상을 수상했다.

우주 마이크로파 배경복사

우주 마이크로파 배경복사는 우주의 모든 방향에서 나오는 희미한 전자파를 말한다. 빅뱅 모델은 우주 마이크로파 배경복사가 일부 지점에서는 고온점을 가지고, 일부 지점에서는 냉점을 가질 것으로 예측했다. 그러나 관찰 결과는 이와 반대였다. 우주 마이크로파 배경복사는 매우 단조롭게 구성되어 있으며 약간의 온도 변화만을 가지는 것으로 밝혀졌다. 현대 빅뱅 이론은 관찰된 증거가 빅뱅 이론과 상충될 경우 이와 맞추기 위해 수정되고 있다. 그러나 빅뱅 이론처럼 관찰된 증거를 수용하기 위해 이론을 수정하는 것은 과학적으로 옳다고 할 수 없다.

평탄성 문제

빛을 내는 물체가 점점 멀어지는 경우, 물체에서 나오는 빛이 파장이 길어지거나 스펙트럼의 끝부분인 빨간색으로 이동하는 것을 '적색편이'라고 한다. 은하계 적색편이를 관찰해 보면 우주가 분명히 팽창하고 있다는 것을 알 수 있다. 은하는 중력을 가지고 있다. 중력은 은하계를 서로 가까이 이동시켜 우주의 크기를 작게 만들려고 한다. 중력과 팽창은 서로 반대로 작용하고 있는데, 이들이 거의 완벽하게 균형을 이룬 경우에만 이러한 현상이 나타난다. 빅뱅 이론에 따르면, 이러한 완벽한 균형은 알 수 없는 우연한 "폭발"에 의해서 나타났다고 한다.

수평 문제

빅뱅 이론에 따르면, 우주는 고온점과 냉점 사이의 온도 변화가 급격하게 일어났을 때 아주 작은 크기로 시작되었다고 한다. 그러나 실제로 멀리 떨어져 있는 우주는 동일한 온도를 가지며 온도 변화 역시 심하지 않다. 이는 냉온점이라는 얼음을 뜨거운 커피라는 고온점에 넣을 경우 미지근한 온도의 커피가 되는 것과 마찬가지 현상이다. 에너지가 뜨거운 지점에서 차가운 지점으로 이동하는 것은 자연스러운 사실이다. 에너지가 고온점에서 냉점으로 빛의 속도로 이동하여 온도를 미지근하게 만들기까지는 빅뱅의 138억 년을 인정한다고 하더라도 시간이 부족하다.

단자극 문제

자석은 북극과 남극이라는 두 개의 "극"을 가진다. 극을 한 개만 가지는 단자극 입자가 있다는 것은 가설이다. 현대 물리학에 따르면, 이러한 입자는 빅뱅에서나 볼 수 있는 초고온에서만 생성될 수 있다. 그러나 지금까지 극을 한 개만 가지는 단자극은 발견된 적이 없다.

인플레이션

진화론 과학자들이 지구의 편평설, 수평 및 빅뱅의 단자극 문제에 직면했을 당시 빅뱅 모델은 이러한 주장들을 수용하기 위해 수정되었다. 이렇게 추가된 새로운 모델을 "인플레이션"이라고 한다. 우주가 빅뱅 이후 가속 팽창되는 인플레이션 단계를 잠깐이나마 가졌을 것으로 생각했기 때문이다. 인플레이션 기간이 끝나고 우주는 일상적인 팽창 속도로 돌아갔다고 한다. 인플레이션은 가정이 하나 더 추가된 것이다. 인플레이션의 원인은 무엇이며 어떻게 하면 우주 곳곳의 인플레이션을 동시에 막을 수 있는가? 인플레이션이 맞는다고 해도 빅뱅은 어떻게 할 것인가? 이러한 여러 가지 문제가 여전히 남게 된다.

중입자 수 문제

우주는 소량의 반물질을 가지고 있는데, 반물질은 반양성자가 음성 전하를 띠는 것처럼 입자의 전하가 반대인 것을 제외하면 물질과 똑같다. 빅뱅 모델은 초기 우주는 에너지만으로 이루어져 있었다고 가정한다. 이 모델에 따르면, 초기 우주는 물질이 존재하기에 너무 온도가 높았으며, 우주가 팽창하고 온도가 낮아지면서 일부 에너지는 오늘날 우리가 알고 있는 일반 물질로 변형되었다고 한다. 입자 가속기를 반복적으로 작동시키면 에너지를 물질로 만드는 것이 가능하다. 그러나 에너지를 물질로 만들 때 물질과 정확하게 동일한 양의 반물질을 얻게 된다. 만약 빅뱅이 사실이고 우주의 모든 물질이 에너지로부터 만들어졌다면, 물질과 같은 양의 반물질이 존재해야 한다. 그러나 실제로 그러한 반물질은 존재하지 않는다.

무(無)?

성숙 은하계

망원경의 발전으로 우주의 먼 곳까지 관찰할 수 있게 된 후 말할 수 없이 아름답고 복잡한 은하계의 모습을 볼 수 있게 되었다. 눈으로 볼 수 있게 된 은하계의 모습은 성경에서 창조된 은하계와 완벽하게 일치하지만 빅뱅 이론에는 큰 문제가 된다. 빅뱅에 의한 은하계는 그처럼 먼 거리에 존재할 수 없다. 이 거리는 은하계가 만들어지기 이전의 초기 우주까지 걸리는 시간을 거리로 나타내기 때문이다.

젊은 태양계

우리가 살고 있는 태양계는 지구, 태양, 행성과 그들의 위성, 소행성 및 혜성 등으로 이루어져 있다. 지구형 행성인 수성, 금성, 지구, 화성은 대부분 돌과 금속으로 이루어져 있다. 목성, 토성, 천왕성, 해왕성은 대부분 가스 또는 상대적으로 높은 융점을 가진 "얼음"으로 이루어져 있다. 명왕성은 태양계의 9번째 행성으로 분류되었다가, 2006년에 왜행성으로 재분류되었다.

태양계는 지구에서 우리 은하 끝까지 거리의 약 3분의 2 지점에 위치한다. 우리 은하에 있는 별들은 대부분 나선의 큰 팔이나 중앙에 위치한다. 별이 지구 가까이에 있지 않고, 태양계에는 방사선량이 적기 때문에 우리는 우주나 은하계를 더 잘 관측할 수 있다.

수성

수성은 태양에 가장 가까이 있고 가장 작으며 공전 주기가 88일밖에 되지 않는 행성이다. 지구를 포함한 대부분의 행성이 행성 전체를 둘러싸는 자기장을 낸다. 자기장은 시간이 지나면서 약해지는데, 수성의 자기장은 다른 행성보다 더 급격히 감소하고 있다. 실제 측정한 결과를 보면 33년 만에 4%가 줄어들었다. 만약 수성이 수십억 년 전이나 수백만 년 전에 만들어졌다면, 수성의 자기장은 오래전에 소멸되었을 것이다. 다른 행성들의 자기장도 마찬가지였을 것이다.

진화론 과학자들은 태양계가 46억 년 전에 자연적으로 만들어졌다고 믿는다. 그러나 태양계의 모든 행성이 특별한 목적으로 수천 년 이내에 창조되었음이 분명하다.

엔켈라두스

엔켈라두스는 토성의 여섯 번째 큰 위성으로 태양계에서 가장 특이하다. 1789년에 독일 태생의 영국 천문학자인 윌리엄 허셜(William Herschel)이 발견했다. 엔켈라두스는 빛을 대부분 반사하기 때문에 태양계에서 가장 밝다. 나사(NASA)에서 공개한 이미지를 보면, 엔켈라두스의 표면에서 지구의 간헐천과 비슷하게 엄청난 힘으로 물이 분출되는 모습이 나타나는데, 이는 마치 표면에 깃털이 나 있는 것처럼 보인다. 물이 분출되면 즉시 얼어 버리기 때문에 완전한 깃털 모습으로 보이는 것이다. 엔켈라두스는 활동적이고 에너지가 많으므로 진화론 과학자들이 주장하는 것처럼 오래된 것이 아니다.

III. 물리학의 증거

케플러 : 물리 천문학의 아버지

케플러(Johannes Kepler, 1571-1630)는 신성 로마 제국이 독일을 통치하던 당시에 살았던 천문학자다. 그는 1577년에 대혜성을, 1580년에는 월식을 관측하며 과학에 대한 호기심과 열정을 불태웠다. 오스트리아에서 수학과 천문학을 공부한 후, 그는 당시 황제 루돌프 2세의 궁정 수학자였던 티코 브라헤(Tycho Brahe) 밑에서 일했다. 브라헤가 사망한 후 케플러는 그의 직책을 물려받았고, 브라헤의 행성 관측 기록도 넘겨받게 되었다. 케플러는 행성 운동에 관한 세 가지 수학적 법칙을 발견한 것으로 유명하다. 이러한 케플러의 법칙은 천체 역학 원칙을 성립했다. 그는 행성이 태양 주변을 타원형으로 돌고 있다는 사실 또한 발견했다. 많은 사람이 태양과 모든 천체가 지구의 둘레를 돈다는 천동설을 믿고 있던 당시, 케플러는 행성이 태양의 주위를 돈다는 코페르니쿠스의 지동설을 지지했고 현재의 신학에 접목했다. 그는 당시에는 자연 철학의 곁가지로 여겨졌던 물리학을 수학의 곁가지로 여겨졌던 천문학에 접목시켜 과학에 혁명을 일으켰다. 케플러는 우주를 '하나님의 형상'으로, 태양은 '아버지'로, 천체는 '아들'로, 그 사이의 공간은 '성령'으로 대응시켰다.

하틀리 제2혜성

하틀리 제2혜성은 작은 아령 모양의 혜성으로 궤도에 진입하면서 회전한다. 1986년 천문학자 말콤 하틀리(Malcolm Hartley)에 의해 발견되었다. 태양을 지나가는 모든 혜성과 마찬가지로 하틀리 제2혜성은 혜성을 구성하고 있는 물질 중 일부를 잃게 된다. 혜성의 한쪽 끝에서는 이산화탄소가 격렬하게 뿜어져 나오고 있는데, 약 6년 반 주기로 태양 주위를 돌며 얼음 덩어리를 내보낸다. 이 얼음 덩어리는 엄청난 위력으로 분리된다. 하틀리 제2혜성이 수십억 년 된 혜성이라면, 벌써 오래전에 파괴되고 아무것도 남지 않았을 것이다.

토성의 고리

토성은 목성 다음으로 태양계에서 두 번째 큰 행성이다. 대부분 헬륨과 수소로 구성되어 있어 "가스 거인"으로 불리기도 한다. 토성은 거대한 고리를 가지고 있는데, 이 고리 때문에 많은 사람이 이 행성을 알고 있다. 고리는 대부분 얼음, 돌 조각, 먼지로 이루어져 있으며, 밝고 빛이 난다. 만약 고리가 수백만 년 동안 우주 먼지를 붙잡았다면, 현재에는 석탄처럼 시커멓게 보여야 한다. 또한, 고리 사이에 있는 작은 위성은 오래전에 멀리 팽개쳐져 있어야 한다. 따라서 토성의 고리는 수천 년 이내에 생성된 것으로 보이며, 토성은 물론 태양계의 다른 행성도 수천 년 이내에 생성되었을 거라고 추정하는 것이 타당하다.

거대 행성 내부의 열

목성은 태양에서 받은 에너지보다 2배 더 많은 에너지를 방출한다. 그러나 이 행성은 태양계에서 유일하게 한정된 에너지를 가지고 있어 에너지를 영원히 방출할 수는 없다. 목성의 나이가 46억 년이라면, 현재 목성은 존재하지 않거나 차가운 행성으로 되어 있을 거라는 것이 천문학자들의 주장이다. 문제는 해왕성의 경우 태양에서 받은 에너지보다 2.7배 더 많은 에너지를 방출한다는 사실이다. 해왕성은 수천 년 동안 이러한 과정을 반복할 수 있을 만큼 크기가 크지만, 그렇다고 수십억 년 동안 반복할 수 있을 정도는 아니다. 해왕성과 같은 크기, 질량, 구성 요소를 가지고 있는 천왕성은 내부 열이 이 정도로 많지 않다. 진화론적 세계관으로는 이 사실을 받아들이기 어렵고 당황스러울 것이다. 행성들이 거의 동일한 환경에서 동일한 시간에 형성된 것으로 추정되기 때문이다.

"주의 손가락으로 만드신 주의 하늘과
주께서 베풀어 두신 달과 별들을 내가 보오니
사람이 무엇이기에 주께서 그를 생각하시며
인자가 무엇이기에 주께서 그를 돌보시나이까"
(시 8:3-4).

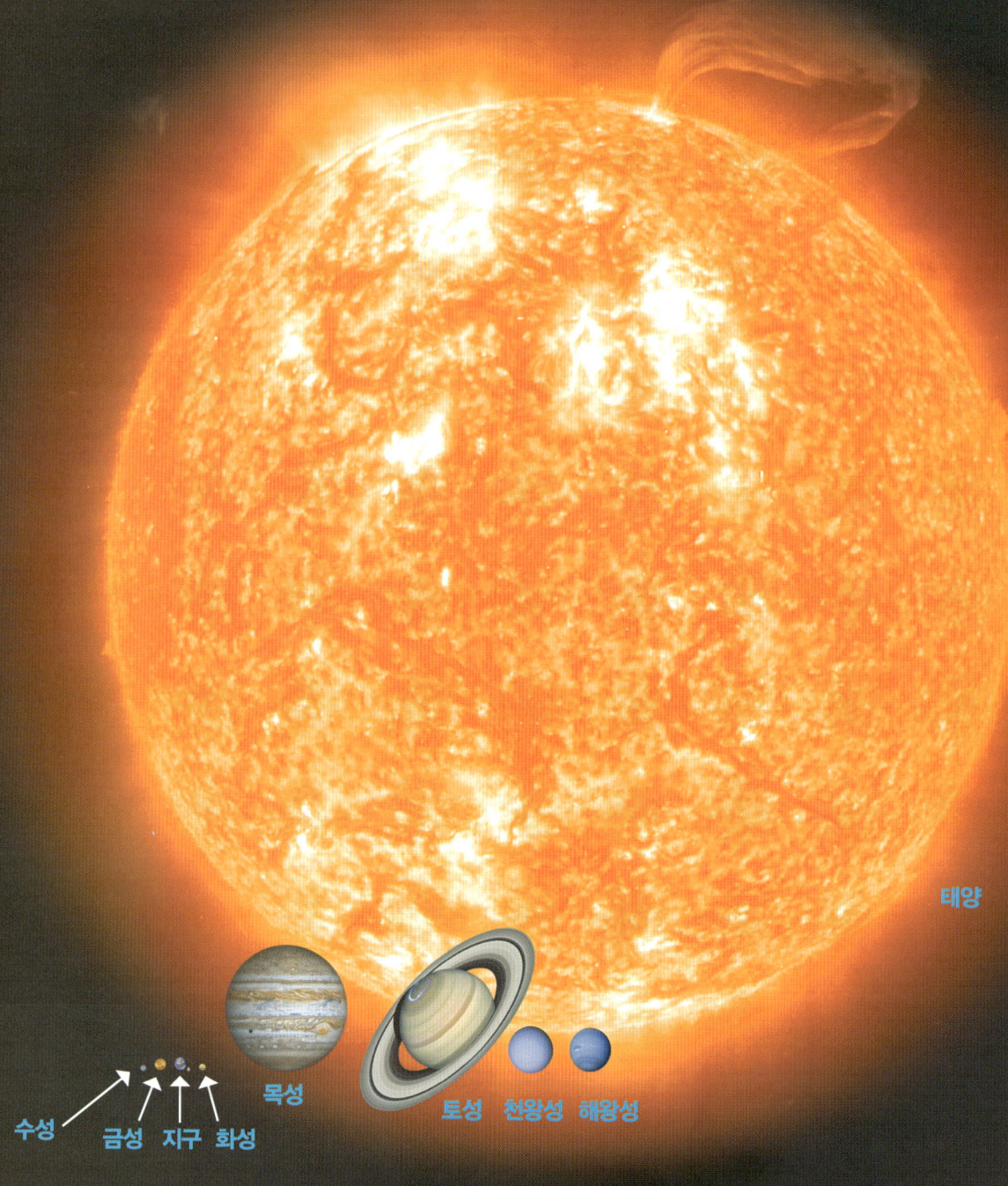

태양계에 있는
태양 및 다른 행성과 비교한
지구의 크기

태양과 다른 별의 비교

젊은 우주

진화론 과학자들은 지구의 나이가 46억 년이고, 우주의 나이는 138억 년이라고 주장한다. 그러나 이러한 수십억 년 나이는 과학적 근거를 바탕으로 계산한 것이 아니다. 우리는 우주의 나이가 수십억 년보다 훨씬 젊다는 증거에 대해서 별로 듣지 못하고 있다.

우주의 실제 나이는 물질이나 성분을 분석하며 과학적 방법으로 측정하는 것이 불가능하다. 나이는 실험실에서 연구하여 분석할 수 있는 것이 아니기 때문이다. 우주의 나이를 측정할 수 있는 가장 좋은 방법은 1) 초기 단계와 2) 변화 속도를 통하여 이론적으로 추측해 내는 것이다. 현재 우리가 측정할 수 있는 것은 변화 속도뿐이다. 어떤 과정의 변화 속도는 과거와 현재가 다를 수도 있다.

더구나 이러한 과정이 시작될 당시에는 우리가 존재하지 않았기 때문에 초기 상태가 어떠했는지 알 수 없다. 하지만 초기 조건에 대한 정보가 부족해도 우주의 최대 나이에 대해서는 추산할 수 있다. 대부분의 경우 초기 조건이 특정 범위 안에 존재하기 때문이다. 예를 들어, 초기 바다의 소금양에 대해서는 알 수 없으나 확실한 것은 0%보다 낮을 수 없다는 것이다. 소금이 전혀 없었다고 생각하는 것보다 소량 있었을 거라고 생각하는 편이 더 합리적이다.

오리온성좌의 띠를 만들고 있는 푸른색 세 별의 모습이다.

III. 물리학의 증거

나선 은하

나선 은하는 공 모양의 중심부와 그 주위에 나선 모양의 팔이 감겨진 것처럼 보이는 은하다. 안쪽이 바깥쪽보다 더 빨리 회전하기 때문에 각 나선은 매년 약간씩 "가까워지게" 된다. 회전 속도는 나선 구조가 1억 년 동안 지속될 수 있을 정도로 느리다. 그러나 10억 년이 되면 나선의 팔이 구분할 수 없을 정도로 뒤틀리고 중심부는 균일하게 섞인 모습을 보일 것이다.

진화론 천문학자들은 나선 은하의 나이를 100억 년으로 추산하고 은하계 내의 어떤 과정으로 새로운 팔이 형성되었을 것이라고 제안했다. 이온 상태의 가스인 플라즈마는 나선 팔과 평행하게 뻗어 있는 자기장을 따라서 이동한다. 이는 물리학에서 잘 알려진 사실이다. 플라즈마가 많은 나선 팔과 자기장은 속도는 다르지만 함께 회전해야 한다. 따라서 새로운 나선 팔이 형성되는 경우 원래 있던 팔의 자기장은 많이 뒤틀려 있기 때문에 새로운 팔의 자기장과 같은 방향이 될 수 없다. 이는 관측 결과와 상반된다.

M101로 이름을 붙인 바람개비 은하는 큰곰자리에 있는 나선 은하다. 이 사진은 나사의 우주망원경으로 얻은 원적외선, 자외선, X선 자료를 조합하여 재구성한 것이다.

푸른 별

대부분의 별은 중심에서 수소가 헬륨과 핵융합 과정을 통하여 에너지를 생성한다. 이론적으로 태양과 같은 별은 100억 년 동안 사용될 수 있는 양의 수소를 가지고 있다. 태양보다 질량이 큰 푸른 별은 수소를 더 많이 가지고 있어서 태양보다 20만 배 이상 밝고 태양보다 더 빠르게 연료를 연소시킨다. 따라서 이러한 현상이 수십억 년 동안 지속되는 것은 불가능하다. 관측된 밝기를 바탕으로 볼 때, 가장 질량이 큰 푸른 별의 경우 연료가 모두 소모되기까지 100만 년 이상 걸릴 수 없다. 진화론 과학자들의 주장처럼 우주의 나이가 138억 년이라면 현재 푸른 별은 존재하지 않아야 한다.

(위) M81이라는 이름의 보데 은하는 큰곰자리에 있는 나선 은하다. 지구 가까이에 있고 크기가 크며 핵의 활동이 활발하기 때문에 천문학자들에 의해 가장 광범위하게 연구되고 있는 은하다.

(왼쪽) M51a라는 이름의 소용돌이 은하는 사냥개자리에 있으며, 은하의 구조를 연구하려는 천문학자들에 의해 널리 연구되고 있는 은하다.

(오른쪽) 묘성은 황소자리에 있는 별 무리로 푸른 별이 모여 있다. 이를 '일곱 자매'라고 부르기도 한다. 지구에서 가장 가까이에 있는 성단 중에 하나이며 밤에 망원경 없이도 관찰할 수 있다.

자연적 설명만으로는 이해할 수 없는 외계

우주에는 무한히 많은 발광체가 각각 독특한 빛을 내고, 독특한 방향으로 회전하며, 독특한 위치에 있는 다른 별들과 상호 작용하고 있다. 외계는 자연적 설명만으로는 이해할 수 없는 현상으로 가득하다. 그러나 다음의 성경 말씀을 통해 우리는 우주를 이해할 수 있다.

"별과 별의 영광이 다르도다"(고전 15:41).
"내가 땅을 만들고 그 위에 사람을 창조하였으며
내가 내 손으로 하늘을 펴고 하늘의 모든 군대에게 명령하였노라"(사 45:12).

별은 만들어지지 않는다

별은 자연적 설명만으로는 이해되지 않는 외계에 위치한다. 진화론자들은 일반적으로 별이 탄생하는 지역인 "별의 요람"에 대해 이야기하지만, 지금까지 새로 만들어진 별이 어디에 위치한 어느 별인지 보고된 경우는 없다. "가스 구름"에서 별이 만들어진다는 설명은 물리학 법칙에 위배된다. 가스 입자 간의 반발력을 해결하는 한 가지 방법은 가까운 거리에 있는 별의 폭발로 인해 가스가 압축되고, 압축된 힘이 가스 입자를 붙들고 있도록 하는 것이다. 그렇다면 "최초의 별은 어떻게 만들어졌는가?"라는 의문이 생긴다. 성경에는 "여호와의 말씀으로 하늘이 지음이 되었으며 그 만상을 그의 입 기운으로 이루었도다"(시 33:6)라고 기록되어 있다. 자연적 별 형성 가설을 이해하기 힘들다고 하여 성경의 초자연적 별 형성을 받아들일 수 없는 것은 아니다.

퀘이사(준항성 천체)

자연적 빅뱅 우주론은 물질이 우주 내에 고르게 분포되어 있고, 어떠한 특별한 장소도 존재하지 않는다고 가정하며 초광도, 초질량, 퀘이사 (수만 개의 별이 모인 은하로 중심에는 블랙홀이 있고 우리 은하의 별 천억 개보다 200배 더 밝다-역자 주) 같은 것을 인정하지 않는다. 2013년에 발견된 퀘이사 네트워크는 빅뱅으로 추정한 최대 넓이보다 4배 넓은 공간에 퍼져 있다. 하나님이 이 거대 구조를 하나님이 원하시는 장소에 배치해 두신 것이다.

멀리 떨어진 은하

은하가 자연적으로 만들어졌다는 가설에 의하면, 멀리 떨어진 은하가 가까운 은하보다 수십 억 년 정도 젊다고 한다. 빅뱅 이론에 의하면, 멀리 위치한 은하는 젊은 은하여야 한다. 하지만 사실은 그렇지 않다. 천문학자들은 "젊은" 장소에서 "오래된" 은하를 계속 발견하고 있다. 예를 들어, 아벨 383 은하는 가장 강력한 망원경으로 관찰해도 멀리 떨어진 것으로 관찰된다. 분명히 오래된 은하가 젊은 공간에 있는 것이다. 이러한 관측은 하나님이 우주 공간과 발광체들을 수천 년 이내에 창조하셨다는 성경 기록과 일치한다.

초신성 잔해의 소실

초신성은 별의 연료 대부분이 연소되면서 불안정한 상태가 되었다가 갑자기 큰 폭발을 일으킬 때 생긴다. 이러한 폭발로 "초신성 잔해"라고 불리는 밝게 빛나는 가스가 남는다. 우주의 나이가 수십 억 년이라면 이러한 잔해가 많아야 한다. 그러나 천문학자들은 초신성 잔해와 초신성이 발생하는 비율을 볼 때, 약 7,000년 동안 초신성이 만들어진 것으로 추정한다.

별빛과 시간

은하는 주로 수십억 광년 떨어진 거리에서 발견된다. 1광년은 빛이 1년 동안 이동하는 거리로 약 10조 km 정도 된다. 이처럼 멀리 떨어진 은하에서 오는 빛이 오늘날 지구에 도달했다면, 그 빛은 수십억 년 전에 은하를 출발했을 것이라고 추정할 수 있다. 하지만 이는 우주의 나이가 약 6,000년 되었다는 성경의 시간과 맞지 않을 뿐 아니라 과학 결과와도 맞지 않는다. 별빛의 역설에 대한 설명은 대부분 비현실적이다. 표준 물리학에 따르면, 가장 멀리 떨어진 은하에서 출발한 별빛은 거의 동시에 지구에 도달한다고 한다. 이것이 답이다.

이론물리학자인 아인슈타인(Albert Einstein, 1879-1955)은 속도가 시간과 거리를 측정하는 데 영향을 미친다고 했다. 관찰자가 볼 때 시계는 정지해 있을 때보다 움직일 때 시간이 천천히 가고, 물체가 움직일 때 움직이는 방향으로 거리는 줄어든다. 이러한 영향은 우리에게 매우 낯설게 느껴진다. 그 이유는 우리의 일상적인 운동 속도가 매우 낮아서 그 영향을 감지하기 어렵기 때문이다. 이처럼 우리는 우리가 인식하지 못하고 있기 때문에 운동 속도가 시간이나 공간에 영향을 미치지 못할 것이라고 가정한다. 그러나 운동 속도가 빛의 속도와 비슷하다면 그 영향은 매우 커지게 된다.

아인슈타인이 만든 일반 상대성 이론은 양자 역학과 함께 현대 물리학의 쌍벽을 이루는 위대한 업적이다.

III. 물리학의 증거

빛의 한 방향 속도

상대성 이론에 의하면 진공에서 빛의 속도는 왕복의 경우에만 객관적으로 측정할 수 있다고 한다. 이 속도를 가정하지 않고 한 방향의 운동 속도를 측정하기란 어렵다. 약 30만 km 길이의 통로 한쪽에 거울을 놓고 다른 한쪽에 시계와 손전등을 놓는다고 가정하자. 12시 정각에 정확하게 손전등을 켜고 빛이 거울까지 갔다가 되돌아오는 시간을 재면 빛의 속도를 측정할 수 있다. 빛이 통로 끝부분에 있는 거울에 반사되어 다시 돌아오는 데 정확히 2초가 걸렸다면, 통로 길이의 2배인 총 거리를 총 시간으로 나누면 빛의 속도를 구할 수 있을 것이다.

그러나 이것은 평균 속도로서, 빛이 일정한 속도로 움직인다고 결론 내릴 수는 없다. 왜냐하면, 빛이 거울에 도착하기까지 0.5초 걸리고 다시 돌아오는 데 1.5초 걸릴 수도 있고, 2초 동안 거울에 도착하고 즉시 다시 돌아올 수도 있기 때문이다. 실험에서는 양쪽 방향의 평균 속도를 얻을 뿐이다.

한쪽 방향의 빛 속도를 측정하기 위해 통로 양쪽에 시계를 두었는데, 하나는 빛이 출발하는 시간을 측정하고 다른 하나는 빛이 통로의 반대쪽에 도착하는 시간을 측정했다. 거리를 알고 있는 상태에서 빛의 한 방향 속도를 계산할 수 있을까? 계산할 수 없다. 2번 시계가 1번 시계보다 1초 느릴 수 있기 때문이다. 이 경우 빛이 해당 거리를 왕복하는 데 걸리는 시간은 2초다. 또 2번 시계가 1초 빠른 경우 빛이 왕복하는 데는 시간이 소요되지 않는다. 한 방향 빛의 실제 속도를 알기 위해서는 두 개의 시계가 정확히 일치되어야 하는데, 이는 간단해 보이지만 쉽지 않은 작업이다. 물리학자들은 일정 거리만큼 떨어져 있는 두 개의 시계를 일치시키려면 빛의 한 방향 속도를 미리 알고 있어야 한다고 한다. 따라서 실험에서도 시계를 일치시키기 위해 빛의 한 방향 속도를 미리 알고 이러한 실험을 수행함으로써 빛의 한 방향 속도를 측정할 수 있다. 빛의 한 방향 속도를 측정하기 전까지는 한 방향 속도를 알 수 없다.

아인슈타인은 이러한 딜레마를 인식하고 빛의 한 방향 속도가 자연의 특징이 아니라 인간이 만든 약속과 같다고 결론 내렸다. 이것은 우리가 결정 내릴 수 있고 다른 사물을 측정하기 위해 사용하는 약속 (예를 들면, 1m는 100cm) 같은 것을 말한다. 1m를 100cm로 정한 것은 인간이 정한 약속이다. 아인슈타인은 편의상 모든 방향에서의 빛의 속도가 한 방향 속도와 같다고 했으나, 그렇지 않을 수도 있다고 했다. 그러므로 관찰자를 향해 움직이는 빛은 동시에 도달하는 것으로 빛의 속도를 정할 수 있다. 먼 곳에서 오는 별빛의 문제를 고려하지 않는 것이다.

성경에 기록된 별빛

성경에는 별빛이 지구까지 도달하는 데 시간이 걸린다고 기록되어 있다. "하나님이 이르시되 하늘의 궁창에 광명체들이 있어 낮과 밤을 나뉘게 하고 그것들로 징조와 계절과 날과 해를 이루게 하라 또 광명체들이 하늘의 궁창에 있어 땅을 비추라 하시니 그대로 되니라"(창 1:14-15). 이 말씀은 별을 포함하여 (창 1:16) 하늘의 빛이 "땅을 비추기" 위해 만들어졌고 "그대로 되었다"는 것을 나타낸다. 이는 곧 별이 즉시 지구에 빛을 비추기 시작했거나, 적어도 그날에 비추었다는 의미다. 나아가 고대 문화에서는 천체에서 빛이 도달하는 시간을 빼지 않았다.

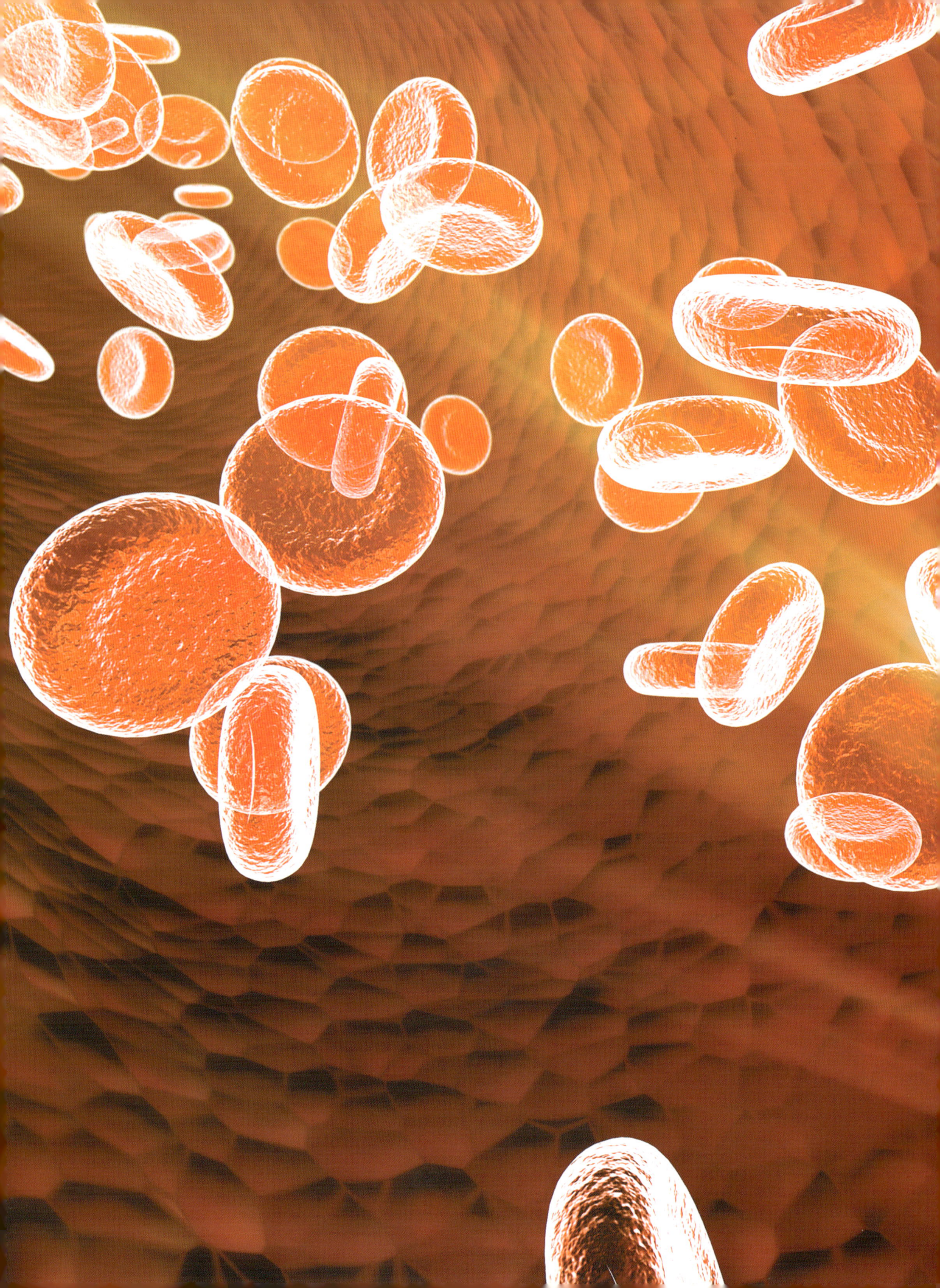

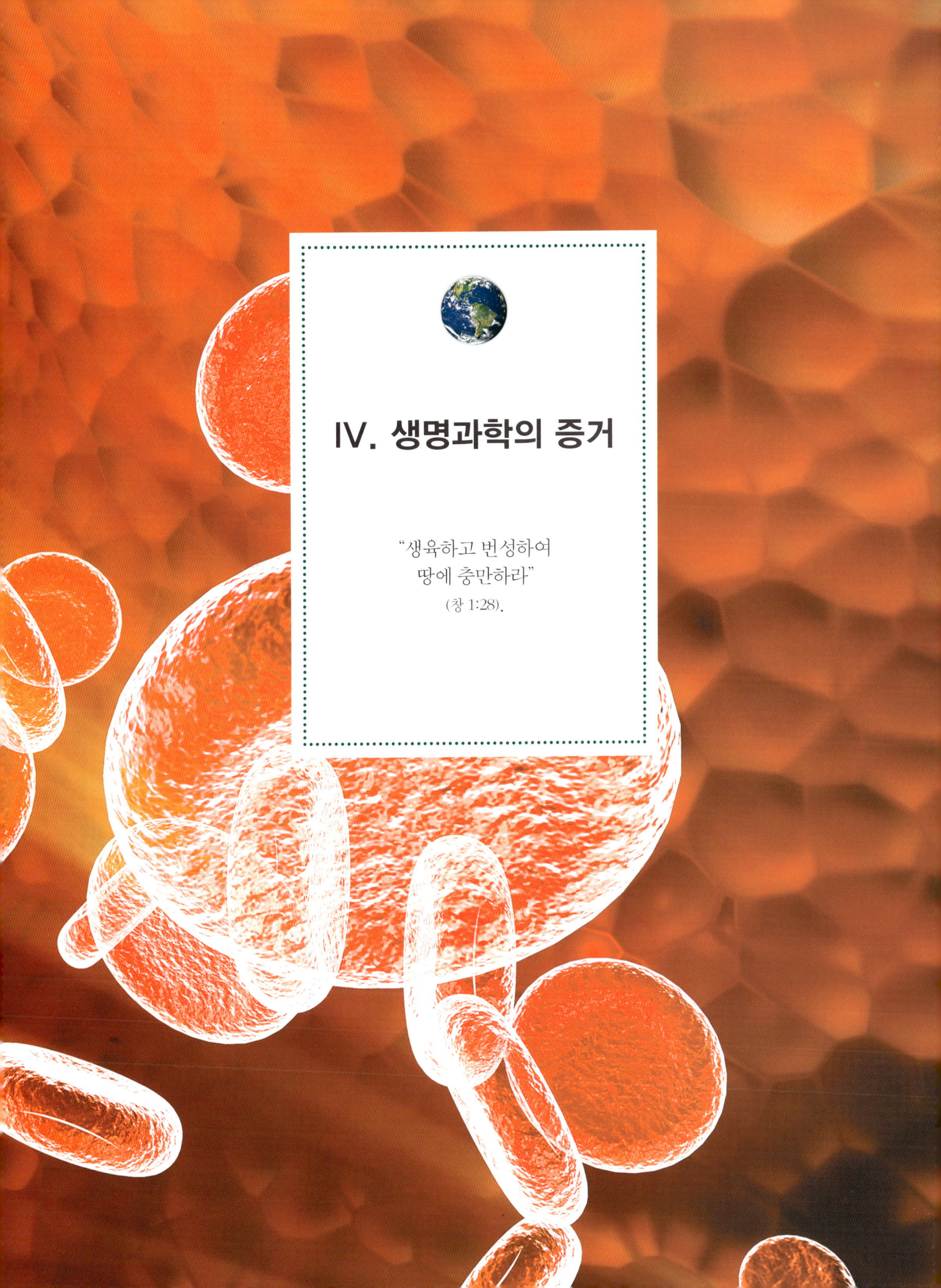

IV. 생명과학의 증거

"생육하고 번성하여
땅에 충만하라"
(창 1:28).

생물의 절대적 설계

"절대적"이라는 말은, 생물체는 중추적인 부분이 하나라도 없으면 기능을 하지 않는다는 뜻이다. 이러한 체제는 생물체가 설계된 존재라는 사실을 증명한다. 생물체는 모든 중추적인 부분이 특정 위치에 있어야 하고, 특정 시간에 작동되어야 하며, 특정 모양을 하고 있어야 한다. 중추적인 부분 중 어느 하나라도 제거하면 전체가 기능을 할 수 없다. 이는 지구 상에 처음 나타난 세포나 생물체가 처음부터 완벽한 모습으로 창조되었을 때만 가능한 일이다. 진화론자들이 주장하는 것처럼 특정 부분이 점차적으로 추가된다면 일어날 수 없는 일이다.

세포나 생물체가 지닌 절대적 체제는 사람이 분자에서 진화되었다고 가르치는 진화론의 개념으로는 설명할 수 없다. 공룡은 새로 진화될 수 없다. 파충류의 허파는 풀무형이고 새의 허파는 관통형이다. 공룡이 진화되려면 풀무형 허파가 관통형 허파로 변해야 한다. 그러려면 수천 세대에 걸쳐 자연선택이 일어나 허파의 기능이 조금씩 바뀌어야 하는데, 이러한 일은 절대로 일어날 수 없다. 따라서 하나님이 모든 생물을 절대적으로 순식간에 창조하셨다는 것을 알 수 있다. 성경에는 "그가 말씀하시매 이루어졌으며 명령하시매 견고히 섰도다"(시 33:9)라고 기록되어 있다.

유카나무와 유카나방

식물은 대부분 여러 곤충에 의해 가루받이를 할 수 있고, 곤충은 여러 식물을 이용할 수 있다. 유카나무는 유카나방이 없었다면 살아남지 못했을 것이다. 유카나방은 유카나무가 없었다면 살아남지 못했을 것이다. 유카나방의 이름은 '큰노랑뒷날개나방'이다. 유카나방이 유카나무의 씨에 알을 낳는 과정에 유카꽃에 가루받이를 시킨다. 유카나방 유충은 유카씨를 먹으면서 자라게 된다. 유카나무는 유카나방에게 먹이를 제공하고 성충으로 키워 준다. 유카나방은 가루받이를 시켜 줌으로 유카나무가 열매를 맺게 한다. 이처럼 유카나무와 유카나방은 함께 살아가도록 설계되었다고 볼 수 있다.

서로 다른 종 간의 절대적 설계

하나님은 동물을 식물이나 박테리아 같은 다른 생물에 의존해서 살도록 설계하셨다. 예를 들면, 흰개미는 목재를 갉아먹고 사는데, 창자에 들어온 목재를 소화시킬 수 있는 미생물에 의존해서 살아가고 있다. 반대로 흰개미의 창자는 미생물이 살아갈 수 있는 환경과 먹이를 제공하고 있다.

생물 성분과 무생물 성분

대부분의 기계는 각 부품이 정확하게 조립되었을 때 제 기능을 수행할 수 있다. 생물학적 기계인 세포, 생물체, 생태계도 마찬가지다. 그런데 어떤 부분은 반드시 필요하지만 어떤 부분은 반드시 필요하지는 않다. 자동차를 예로 들면, 엔진이나 바퀴가 반드시 필요한 부분이다. 이것들이 없으면 자동차는 쓸모없는 고철 덩어리가 되고 만다. 사람의 몸을 예로 들면, 허파, 간, 림프절처럼 없으면 제 기능을 수행할 수 없는 꼭 필요한 기관이 있다. 하지만 손가락, 무릎뼈, 췌장처럼 생명 유지에 꼭 필요한 기관이 아닌 것도 있다. 반드시 필요한 최소 기관은 사람이 설계한 기계 장치나 하나님이 설계한 생물체 모두에서 절대적 설계를 나타낸다고 할 수 있다.

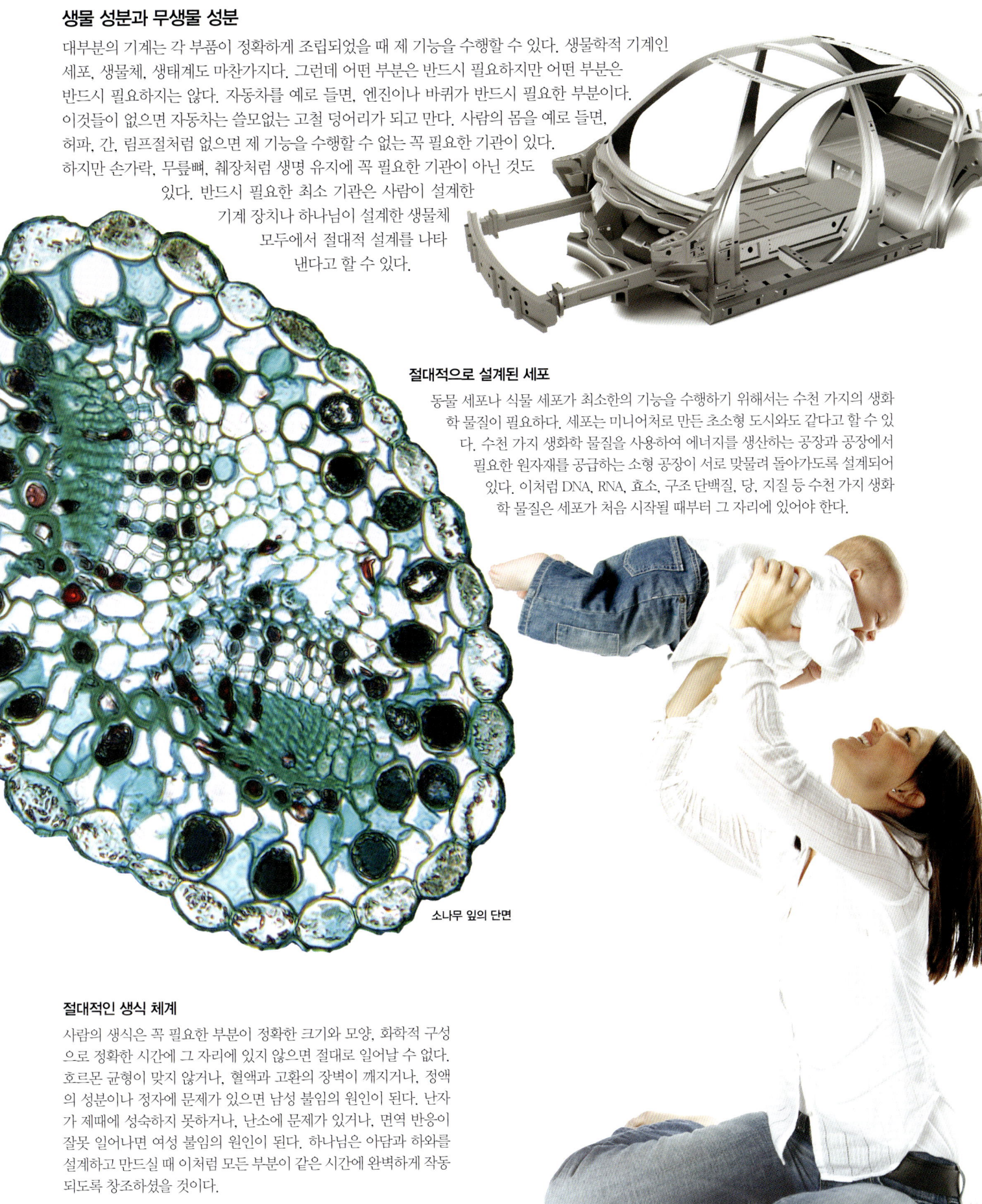

소나무 잎의 단면

절대적으로 설계된 세포

동물 세포나 식물 세포가 최소한의 기능을 수행하기 위해서는 수천 가지의 생화학 물질이 필요하다. 세포는 미니어처로 만든 초소형 도시와도 같다고 할 수 있다. 수천 가지 생화학 물질을 사용하여 에너지를 생산하는 공장과 공장에서 필요한 원자재를 공급하는 소형 공장이 서로 맞물려 돌아가도록 설계되어 있다. 이처럼 DNA, RNA, 효소, 구조 단백질, 당, 지질 등 수천 가지 생화학 물질은 세포가 처음 시작될 때부터 그 자리에 있어야 한다.

절대적인 생식 체계

사람의 생식은 꼭 필요한 부분이 정확한 크기와 모양, 화학적 구성으로 정확한 시간에 그 자리에 있지 않으면 절대로 일어날 수 없다. 호르몬 균형이 맞지 않거나, 혈액과 고환의 장벽이 깨지거나, 정액의 성분이나 정자에 문제가 있으면 남성 불임의 원인이 된다. 난자가 제때에 성숙하지 못하거나, 난소에 문제가 있거나, 면역 반응이 잘못 일어나면 여성 불임의 원인이 된다. 하나님은 아담과 하와를 설계하고 만드실 때 이처럼 모든 부분이 같은 시간에 완벽하게 작동되도록 창조하셨을 것이다.

생물의 상호 의존

생물이 살아가기 위해서는 다른 생물이 있어야 한다. 사람이 만든 회사에서도 각 부서가 서로 협력해야 회사 일이 잘 진행되듯이, 생물들도 서로 협력하면서 살아가야 한다. 필요한 부분이 효과적으로 기능을 수행하지 않으면 전체가 무너지게 된다. 따라서 생물들의 상호 협력은 우연이 아니라 설계의 산물이라고 할 수 있다.

"이제 모든 짐승에게 물어보라 그것들이 네게 가르치리라 공중의 새에게 물어보라 그것들이 또한 네게 말하리라 땅에게 말하라 네게 가르치리라 바다의 고기도 네게 설명하리라 이것들 중에 어느 것이 여호와의 손이 이를 행하신 줄을 알지 못하랴 모든 생물의 생명과 모든 사람의 육신의 목숨이 다 그의 손에 있느니라"(욥 12:7-10).

지구 상의 모든 땅과 바다에 사는 생물들은 여러 부분에서 서로 협력하며, 즉 그물망을 형성하면서 살아가고 있다. 지구의 대기는 쉽게 바뀔 수 있는 것처럼 보이지만, 미생물들이 지속적으로 메탄, 이산화탄소, 질소 등 대기 구성을 균형 있게 유지하고 있어 매우 안정적인 상태라고 할 수 있다.

Ⅳ. 생명과학의 증거

여러 가지 생물이 영양물질, 에너지, 노폐물
등을 순환시키며 각각 생태계에서 중요한
기능을 수행하고 있다. 대부분의 생물은
광합성에 사용할 수 있는 이산화탄소를 배출한다.
물론 식물은 다른 동물이 사용할 수 있는
산소와 저장 물질을 생산하여 서로 협력하고 있다.
이처럼 동물과 식물은 서로를 위하여
살아가도록 만들어졌다.

무한한 세포의 세계

세포의 내부를 보면 하나님이 설계하셨다는 것을 분명하게 알 수 있다.
창세기 1장 1절은 "태초에 하나님이 천지를 창조하시니라"라고
기록되어 있다. 우주가 창조되기 전에는 하나님만 계셨다.
하나님은 어떤 분자가 어떻게 결합해서 어떤 물질이 되는지
알고 계셨으며 모든 만물을 그분의 뜻대로 만드셨다.
하나님의 생물 창조에는 실수가 없었고, 시제품도 없었으며,
잘못 만들어져서 두 번 시도된 적도 없었다.

세포를 구성하기 위해서는 정확한 정보와 정밀한 공간이 필요하다.
세포를 구성하는 물질의 종류는 매우 다양하다. 세포 내에는 특정 원자가
모여서 이루어진 분자 상태의 기계 장치가 존재하며, 이러한 장치는 우연히
만들어져서는 특정 기능을 수행할 수 없다. 물리학 법칙이나 화학 법칙만으로는
생물이 이처럼 작은 공간에서 작동할 수 있도록 만들어질 수 없다. 생명체를 구성하는
물질이나 성분이 많으면 많을수록 우연히 만들어질 가능성은 더 낮아진다.
실제로 밝혀진 생물의 구성 요소는 매우 많아서 자연의 법칙을 초월하는 절대자가
설계했다는 것을 의심할 수 없다. 자연으로는 생명체의 존재를 설명할 수 없기 때문에 초자연적인
하나님을 통해서만 설명할 수 있다. 세포에는 하나님의 선하심과 무한한 지혜가 반영되어 있다.
이러한 세포가 모여서 생물체를 구성하고 있는 것이다.

서로 다른 유형의 세포는 서로 다른 기능을 수행한다.
적혈구는 산소와 영양분을 세포에 배달해 주고,
이산화탄소와 노폐물을 수거하여 버리는 역할을 한다.
식물 세포는 땅속에서 흡수한 물과 태양 빛을 에너지로 사용하여
더 많은 세포를 만들고, 자신의 세포를 동물에게 에너지원으로 제공한다.
박테리아는 단일 세포로 된 생명체로 유기물을 분해한다.

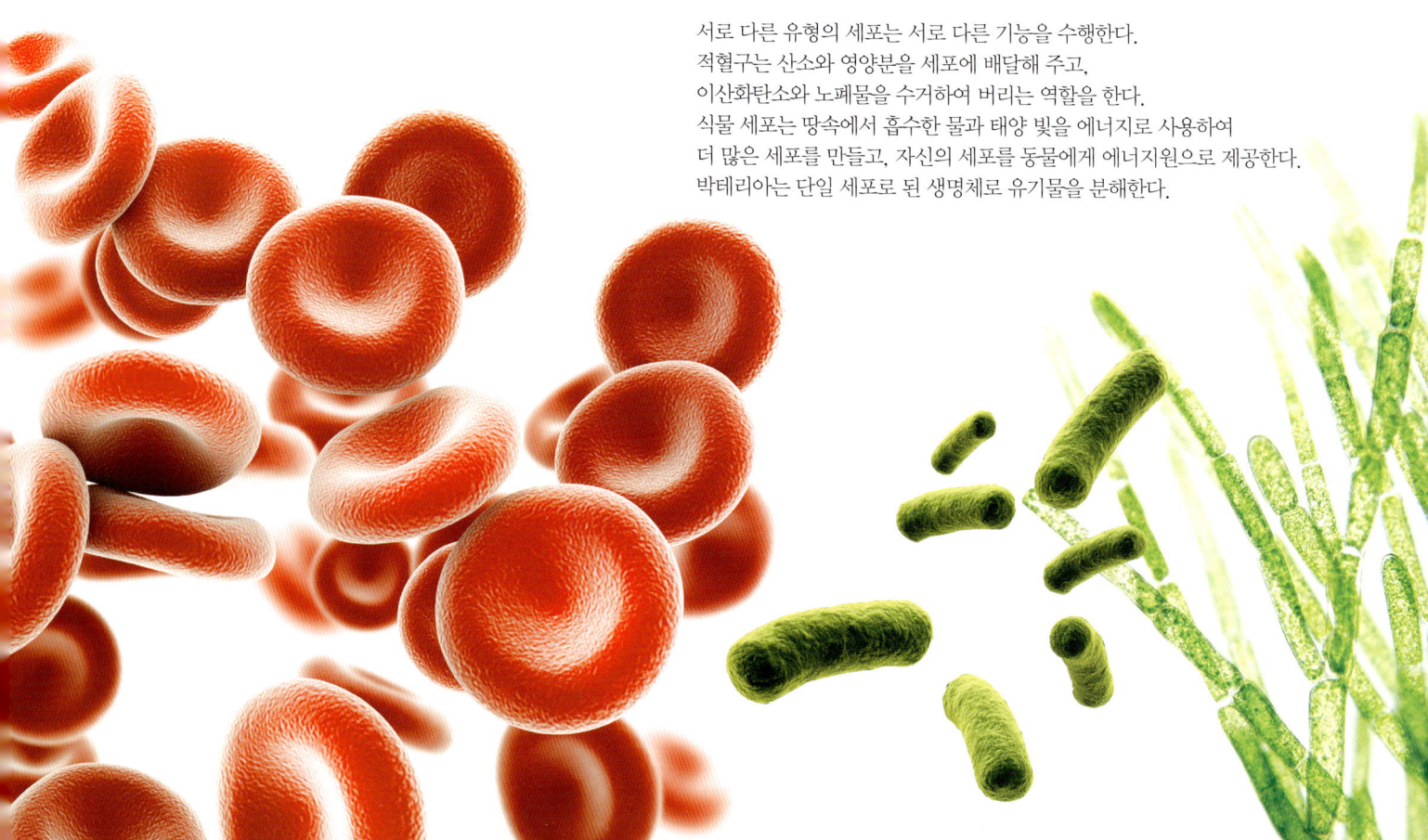

Ⅳ. 생명과학의 증거

복잡한 구조

세포는 현미경적 구조임에도 불구하고 기능을 수행하는 데는 매우 정교하고 복잡한 기계 장치라고 할 수 있다. 자동차와 같은 복잡한 장치를 만들기 위해서는 네 단계의 지혜가 필요하다. 첫째, 철이나 알루미늄 원석을 전자 장비로, 석유를 플라스틱으로, 고무를 타이어로, 원유를 휘발유로 만들어야 하는 것처럼 원료를 적절한 크기, 모양, 구조로 가공하여 조립해야 한다. 둘째, 이러한 부품을 서로 적절하게 조립할 수 있는 에너지를 공급해야 한다. 셋째, 이러한 부품을 설계도에 따라서 조립해야 하는데, 설계할 때부터 어떻게 하면 원료를 효과적으로 사용하여 폐기물이 적게 나오게 할 수 있는지도 고려해야 한다. 넷째, 이러한 계획을 진행에 옮길 숙련된 사람이 필요하다. 세포를 만들 때도 이와 같은 과정이 필요하다. 세포는 1) 에너지와 원료를 세포 성장에 필요한 물질로 바꿔야 하고, 2) 에너지를 사용하여 일이 효과적으로 진행되도록 해야 하며, 3) 계획에 따라 부품을 조립해야 하고, 4) 계획을 수행하는 주체가 있어야 한다.

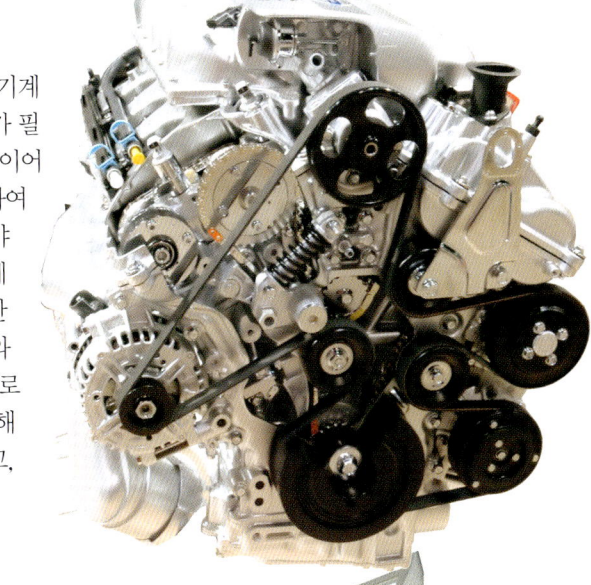

세포는 절대 단순하지 않다

세포 내에는 음식물에 들어 있는 물질의 화학 결합을 변형하여 에너지로 만드는 세포의 발전소, 미토콘드리아가 있다. 미토콘드리아는 만든 에너지를 ATP에 저장하여 세포 내의 부품이 작동하는 데 필요한 에너지를 공급한다. 세포는 매우 효율적이어서 적절한 품질 관리 정책에 따라 세포를 구성하는 물질과 구조물을 만들어 낸다. RNA와 단백질을 사용하여 세포 분열이나 정보 전달과 같은 중요한 기능을 수행하기도 한다. 또한, DNA 내에 들어 있는 정보를 RNA와 단백질 합성 도구들을 사용하여 적절한 시간에 필요한 양만큼 정확하게 만들어 낸다. 세포는 매우 복잡하고 효과적인 정밀 공장이라고 할 수 있다.

세포 분열

세포가 분열하려면 종류에 따라 20분-24시간이 걸린다. 완벽하게 작동하는 우주왕복선을 20분마다 만들 수는 없다. 그런데 우주왕복선보다 훨씬 더 정교하고 복잡한 기능을 수행하는 세포가 20분 만에 만들어지는 현상을 어떻게 설명할 수 있겠는가?

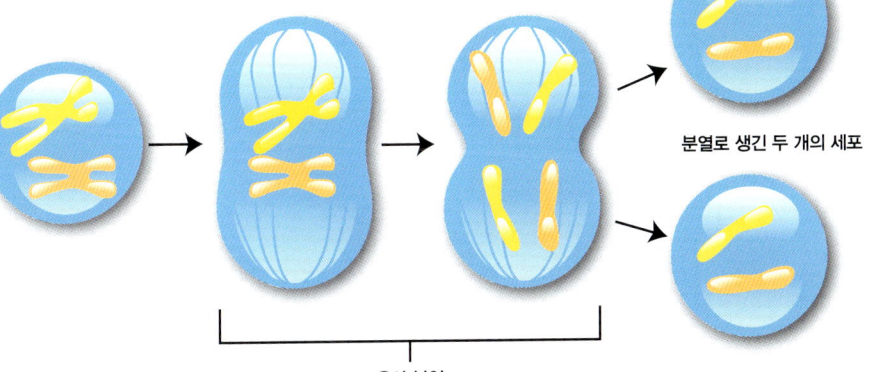

DNA 복제

유사 분열

분열로 생긴 두 개의 세포

생물의 변화

생물의 종은 변하는가? 시간이 충분하다면 한 종이 다른 종으로 변한다는 가정하에 만들어진 것이 진화론이다. 그렇다면 어떻게 이러한 변화를 관찰할 수 있을까?

생물의 세계를 관찰하거나 실험실에서 연구한 결과를 보면 일정한 경향을 보인다. "변이"는 환경이 변할 때 생물의 종류 내에서 나타나는 작은 변화를 일컫는다. 그러나 진화론에서 주장하는 것처럼 큰 규모의 변화가 관찰된 적은 없다.

진화론에서 주장하는 변화는 실제로 창세기 1장에 기록된 "종류 내의 변이"로, 지금까지 관찰된 어떠한 변화도 이러한 변이를 뛰어넘은 것은 없다. 생물의 세계에서 관찰되는 모든 결과가 창세기의 창조 기록을 확증하고 있는 것이다.

큰가시고기

큰가시고기는 민물에서 살다가 바닷물에서 살기도 하고, 다시 민물로 돌아와 살기도 한다. 어쨌든 큰가시고기는 변함없이 물고기다.

색깔 변이

여우는 털색이 다른 경우 서로 다른 환경에서 살아갈 수 있다. 이러한 변이는 어떻게 유래한 것일까? 창조주 하나님이 여우의 조상에게 그러한 유전 정보를 넣어 주셨기 때문에 가능한 일이다.

IV. 생명과학의 증거

몸집 크기
여우와 늑대는 모두 갯과에 속하는 동물로 서로 몸집 크기가 다른 이유는 진화가 일어나서가 아니라 종류 내의 변이 때문이다.

육지 생활 및 바다 생활
이구아나는 육지에서 살 수 있는 종류와 바다에서 살 수 있는 종류로 독특하게 적응했다. 서로 교잡도 가능하지만 여전히 이구아나 종류로 남아 있다.

핀치새의 부리
찰스 다윈은 핀치새의 부리를 조사하여 모든 핀치새가 오랜 기간에 걸쳐 공통 조상으로부터 점차적으로 진화했다고 주장했다. 그러나 부리의 변화는 팔이 날개로 변하는 것 같은 큰 변화가 아니라 매우 작은 변화일 뿐이다. 핀치새는 변함없이 핀치새인 것이다. 갈라파고스 군도의 핀치새는 성경 기록으로 보면 모두 같은 종류에 속하는 변이라고 할 수 있다.

선인장을 먹고 사는 핀치새

땅에서 사는 핀치새

종류 내의 변이

생물의 "종"이라는 용어는 성경에 나와 있지 않다. 성경에는 생물의 종류가 히브리어로는 "민"(min)으로, 영어 성경에는 "kind"로, 한글 성경에는 "종류"라고 기록되어 있다. "민"은 성경에 31회 나오는데, 창조 사역과 대홍수 사건(창 1, 6-7장), 모세의 율법(레 11장, 신 14장)에 나오고, 예언서(겔 47장)에는 1회 나온다. 여기서 사용된 "민"은 종의 기원에 관한 깊은 뜻을 내포하고 있다.

창세기 1장에서 "민"은 생물의 범주를 정하는 용도로 사용되고 있다. 예를 들면, 창세기 1장 25절에는 "하나님이 땅의 짐승을 그 종류대로, 가축을 그 종류대로, 땅에 기는 모든 것을 그 종류대로 만드시니"라고 되어 있다. 창세기 6장 19절에서는 하나님이 노아에게 "모든 생물을 너는 각기 암수 한 쌍씩 종류대로" 방주에 태우라고 명령하신다. 동물 한 마리는 종류 내의 다른 한 마리와 짝짓기를 해야 번식할 수 있다. 이러한 사실은 동물의 번식이 종류 내에서만 일어날 수 있음을 증명한다. 동물이 같은 종류에 속하는지 아닌지는 번식할 수 있는지 없는지에 따라 결정된다. 하나님은 생물에게 "생육하고 번성하여 땅에 충만하라"고 하셨다. 그러므로 오늘날의 생물 "종"은 창조 당시의 종류에서 유래한 것이라고 할 수 있다.

소나무와 장미는 서로 다른 종류이므로 교배할 수 없다.

산개구리는 산개구리를 낳지 물고기나 토끼 같은 다른 종류는 낳을 수 없는 것처럼 같은 종류는 같은 종류를 낳는다.

IV. 생명과학의 증거

변이의 한계

성경에서는 한 종류가 다른 종류로 변할 수 없다고 말한다. 이는 생물학적 종 분화에 한계가 분명히 있음을 나타낸다. 성경에 나온 "종류"는 오늘날의 종(種) 수준이 아니라 과(科) 수준과 대체로 일치하고 있다. 종류 간의 상호 교배는 하나님의 명령에 따라서만 이루어질 수 있다. "공중의 새도 …… 그 씨를 온 지면에 유전하게 하라"(창 7:3)고 하신 것처럼 공중에 사는 새도 같은 종류끼리만 짝짓기를 할 수 있음을 알 수 있다. 만약 땅에 사는 동물이 방주에 타지 못했다면, 홍수로 죽어 후손을 남기지 못한 채 멸종하고 말았을 것이다. 서로 다른 종류끼리 교배할 수 있었다면, 방주에 모든 동물을 "종류대로" 태울 필요가 없었을 것이다. 왜냐하면, 일부 종류만 태워도 노아 홍수 이후에 서로 상호 교배하여 후손을 남길 수 있었을 것이기 때문이다. 그러나 성경에서는 물론 과학적 연구 결과로도 서로 다른 종류 사이에는 상호 교배가 엄격히 제한되어 있으므로 생물이 공통 조상에서 유래할 수는 없다.

이 사진에 나타난 호랑가시나무는 같은 종류(히브리어 "민")에 속하는 것을 알 수 있다. 같은 종류 내에서 서로 다른 변이를 만들어 낼 수 있기 때문이다. 호랑가시나무가 아닌 다른 나무와는 교잡할 수 없다.

이 호랑가시나무들에서 어떤 차이점과 유사점을 발견했는가?

한 그루의 나무, 여러 그루의 나무

계통 발생 연구는 다윈이 제시한 "계통수" 방법을 사용하여 생물의 진화 계통을 보여 주고 있다. 그러나 이러한 계통수는 완전히 다른 종류가 공통 조상에서 유래했다고 보여 주므로 틀린 것으로 밝혀지고 있다. 모든 생물의 유연관계를 추적하는 것은 불가능하지만, 같은 종류 내의 유연 관계를 밝히는 것은 가능하다. 예를 들면, 말, 당나귀, 얼룩말은 서로 교배할 수 있고 같은 종류인 말과에 속한다. 고양이, 호랑이, 사자, 라이거 등은 모두 고양잇과에 속한다. 말과 동물과 고양잇과 동물 사이에는 아무런 연관성이 없다. 따라서 이러한 두 종류의 동물은 공통 조상에서 유래할 수 없다.

산호랑나비의 변이

산호랑나비는 전 세계적으로 203종이 알려졌다.
산호랑나비는 뒷날개 꼬리가 길게 뻗어 있는 특징이 있으며,
서식 장소, 외형, 유충의 먹이에 따라 각각 다른 종으로 구분된다.

오른쪽 사진에서 볼 수 있는 다양한 산호랑나비 변이에
대해서는 더 깊이 있는 연구가 필요하지만, 오늘날의
산호랑나비 종류는 창조 당시의 종류에서 유래했을
가능성이 크다.

꼬리가 다양한 것은 종류 내에서 다양한 변이가
나타났음을 보여 준다. 특히 다른 동물과 마찬가지로
창조 이후에 나타난 유전자 재조합, 후생 형질 변화,
유전자 치환 등 여러 가지 유전학적 영향에 따라
날개 꼬리가 변이하여 다양한 형태가 나타난 것이다.

Ⅳ. 생명과학의 증거

생체 모방 - 하나님의 설계를 모방하는 사람들

하나님이 자연 세계에 프로그램하신 설계는 매우 정교하여 많은 사람이 모방하고 싶어 한다. 특히 살아 있는 생명체의 설계 장치는 매우 독창적이어서, 사람이 무언가를 설계할 때 기술적 문제점을 겪으면 해결의 실마리가 된다.
자연에 이미 존재하는 생물체에서 영감을 얻어 접근할 경우 문제점을 쉽게 해결할 수 있을 때가 많다.
이처럼 생명체가 나타내는 특징을 모방하여 활용하는 것을 '생체 모방'이라고 한다.

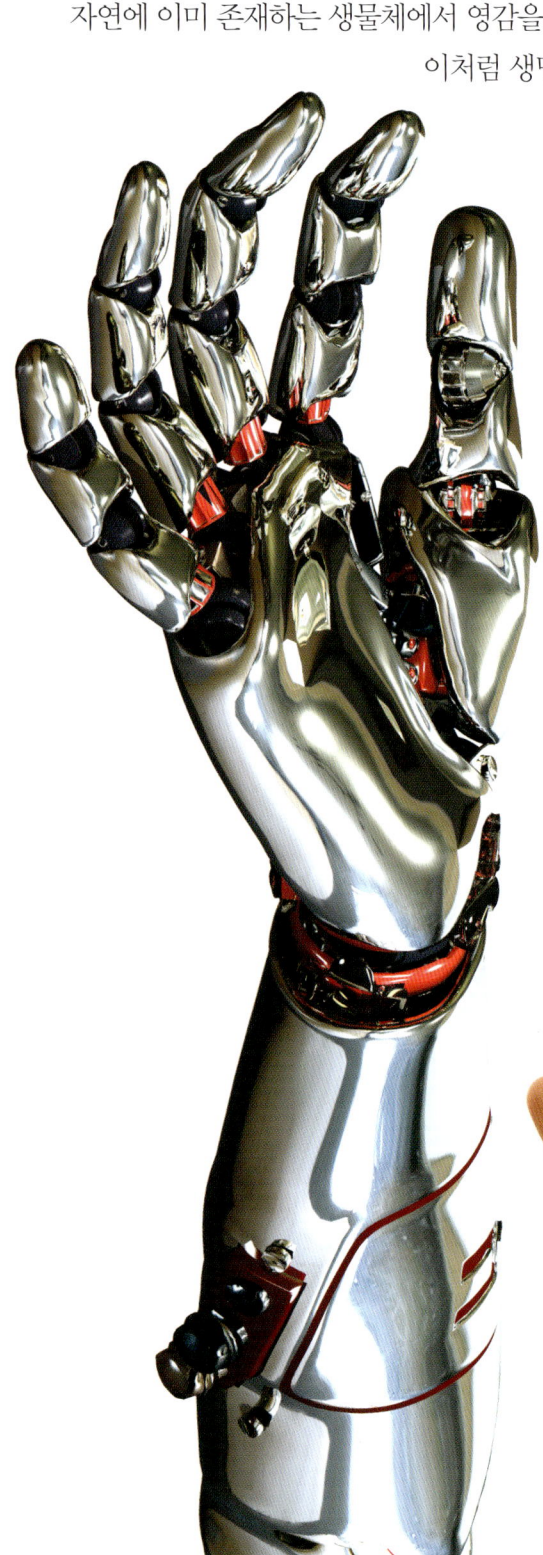

진화론에서는 생명체가 나타내는 이러한 특징을 아무 목적 없이 자연적으로 만들어진 것이라고 주장하지만, 우리는 창조주 하나님이 그분의 능력과 지혜와 자비로 설계하신 것이라고 믿는다. 이처럼 복잡한 구조가 특별한 목적에 맞도록 저절로 만들어졌다는 것은 자연에서 관찰된 적이 전혀 없다. 진화론에서는 어떻게 이러한 특징이 나타나는지를 이론적으로는 물론 실제적으로도 설명하지 못한다. 그러므로 화가는 그림으로, 엔지니어는 엔진으로, 창조주는 창조물로 본성을 나타낸다고 할 수 있다.

사람의 손

사람의 손은 뼈, 힘줄, 근육, 신경 등이 완벽하게 연결된 구조로 되어 있으며, 말로 표현할 수 없을 만큼 신비로운 기관이다. 1분에 60단어 이상 타이핑할 수 있고, 무거운 해머를 휘두를 수도 있으며, 참깨같이 작은 물체를 집을 수 있도록 정교하게 설계된 작품이다. 공학자들은 사고나 질병으로 손을 잃은 사람들에게 실제 손처럼 작동되는 기계손을 제공하기 위해 오랫동안 노력해 왔다. 그 과정 가운데 많은 발전이 있긴 했지만, 기계손은 사람의 손만큼 정교하게 작동되지는 못하고 있다. 사람의 손은 하나님이 특별한 목적을 가지고 설계하신 작품이기 때문이다.

Ⅳ. 생명과학의 증거

꿀벌과 비행기

꿀벌은 거꾸로 땅바닥에 떨어진다 하더라도 몸이 부서지지 않는다. 과학자들은 꿀벌이 3단계를 거쳐서 땅에 내려앉는다는 사실을 밝혀냈다. 첫 단계는 내려앉으려는 곳의 16mm 높이에 도착하면 서서히 정지 비행을 한다. 두 번째 단계는 앉으려는 곳의 경사도를 측정한다. 마지막으로는 앉으려는 곳이 천장처럼 거꾸로 되어 있으면 앞다리로, 평평하면 뒷다리로 표면을 붙잡는다. 꿀벌이 부드러운 꽃잎에 내려앉을 때는 꽃이 흔들릴 수 있으므로 매우 정교해야 한다. 꿀벌이 내려앉는 과정을 연구하면 비행기가 부드럽게 착륙할 수 있는 장치를 개발할 수도 있을 것이다.

물고기 비늘과 갑옷

폴립테루스 세네갈루스(Polypterus senegalus)는 아프리카 민물고기의 일종으로 다이아몬드 모양의 에나멜질 비늘을 가지고 있다. 각각의 비늘은 샌드위치처럼 여러 층으로 되어 있다. 가장 아래층은 평평한 뼈로 되어 있고, 그 위에는 물렁한 뼈가 있다. 그 위는 이빨의 상아질처럼 단단한 코스민이라는 층으로 되어 있고, 맨 위층은 단단하고 반짝이는 에나멜질로 되어 있다. 연구 결과, 각 층은 비늘의 강도에 영향을 미칠 뿐 아니라 서로 떨어지지 않도록 꿰매어 있는 형태로 부착되어 있음이 밝혀졌다. 연구자들은 더 튼튼한 방탄복을 개발하기 위해 이 물고기 비늘을 연구했다.

사람의 뇌와 빠른 컴퓨터

과학자들은 사람의 뇌를 연구하여 빠르게 작동하는 컴퓨터를 만들려고 노력하고 있다. 오늘날의 컴퓨터는 기억 장치와 처리 장치가 분리되어 있고 "버스"(bus, 컴퓨터의 정보 전송 회로)로 연결되어 있다. 버스의 크기에 따라 정보를 얼마나 많이 전달할 수 있는지 결정되며, 이것이 컴퓨터의 성능에 영향을 미친다. 사람 뇌의 기억 장치와 처리 장치는 같은 장소, 같은 시간에 작동된다. 이것은 에너지를 훨씬 덜 소모하게 하는 이점이 있다. 뇌는 수십억 개의 뉴런으로 되어 있고 각각의 뉴런은 수십조 개의 시냅스로 연결되어 있다. 각 뉴런은 컴퓨터 스위치처럼 작동하는 엄청난 수의 단백질을 가지고 있어 결국 뇌의 전체 컴퓨터 용량은 천문학적이라고 할 수 있다. 은하수는 1,500개의 은하로 구성되어 있다. 은하수 전체에 있는 별의 수와 뇌의 시냅스를 비교한 최근 연구에 의하면, 두 가지 모두 450조 개에 이른다고 한다. 따라서 사람 뇌의 시냅스는 전 세계에 있는 모든 컴퓨터를 연결한 것보다 훨씬 더 복잡하다고 할 수 있다.

도마뱀붙이의 눈과 야간 투시경

흐릿한 불빛에서 물체를 볼 때, 사람은 흑백으로 보지만 도마뱀붙이(gecko)는 컬러로 볼 수 있다. 도마뱀붙이의 눈이 사람의 눈보다 350배 더 예민하기 때문이다. 더구나 어두운 곳에서도 도마뱀붙이는 색 수차를 보정할 수 있는 장치를 가지고 있어 모든 컬러를 동시에 초점 맞출 수 있다. 도마뱀붙이의 이러한 능력을 연구하면 야간 투시경에 활용할 수 있을 것이다.

성경에 나타난 공룡

창세기를 보면 길들여진 동물은 "가축"으로, 작은 동물은 "기는 것들"로, 길들여지지 않은 야생 동물은 "땅의 짐승"으로 표현되어 있다. 공룡은 50~60종류가 있었을 것으로 추정되며, 화석을 통해 공룡이 환경에 잘 적응하여 살아갈 수 있도록 설계되었다는 것을 짐작할 수 있다.

욥기를 보면 하나님이 이렇게 말씀하신다.
"이제 소같이 풀을 먹는 베헤못을 볼지어다 내가 너를 지은 것같이 그것도 지었느니라 그것의 힘은 허리에 있고 그 뚝심은 배의 힘줄에 있고 그것이 꼬리 치는 것은 백향목이 흔들리는 것 같고 그 넓적다리 힘줄은 서로 얽혀 있으며 그 뼈는 놋관 같고 그 뼈대는 쇠막대기 같으니 그것은 하나님이 만드신 것 중에 으뜸이라 그것을 지으신 이가 자기의 칼을 가져오기를 바라노라"(욥 40:15-19).
이것은 공룡을 말하는 것일 가능성이 크다.

하마  아프리카 코끼리  사우로포드

베헤못

욥기에 기록된 하나님의 말씀을 보면 "베헤못의 꼬리가 백향목이 흔들리는 것 같다"(욥 40:15-17)고 표현되어 있다. 많은 성경 주석가가 이 동물을 하마나 코끼리라고 생각해 왔다. 그러나 하마나 코끼리의 꼬리는 백향목처럼 생기지 않았다. 베헤못은 "꼬리가 백향목"처럼 생겼고, "연잎 아래에나 갈대 그늘에서나 늪 속에 엎드리며"(욥 40:21), "하나님이 만드신 것 중에 으뜸"(욥 40:19)이고, 매우 큰 몸집을 가지고 있었다.

베헤못에 관한 성경 기록은 위에 있는 공룡 사우로포드를 나타낸 것으로 보인다.

(왼쪽부터)
콤프소그나투스, 오르니톨레스테스, 딜로포사우루스, 토로사우루스, 기가노토사우루스, 카마라사우루스

레바논 백향목

IV. 생명과학의 증거

땅의 짐승

콤프소그나투스, 무스사우루스 같은 공룡은 작아서 "기는 것들"에 해당한다. 티라노사우루스, 울트라사우루스 같은 공룡은 엄청나게 커서 "땅의 짐승"이라고 표현했고 사람과 같은 날인 창조 6일에 만들어졌다. 창세기 1장 25절에는 "하나님이 땅의 짐승을 그 종류대로, 가축을 그 종류대로, 땅에 기는 모든 것을 그 종류대로 만드시니 하나님이 보시기에 좋았더라"라고 기록되어 있다. 창세기와 욥기를 보면 사람과 공룡이 함께 살았다는 것을 알 수 있다.

코리토사우루스

공룡이라는 단어의 기원

KJV에는 "공룡"(dinosaur)이라는 단어가 없다. 그 이유는 성경이 번역될 당시 공룡이라는 단어가 없었기 때문이다. 아담 이후 노아 자녀까지는 살아 있는 공룡을 보았을 것이다. 1822년에 공룡 화석이 발견되었고, 이 화석을 연구한 영국의 고생물학자 리처드 오언 경(Sir Richard Owen)이 1841년에 처음으로 "공룡"이라는 단어를 만들었다. 이 화석은 영국의 대영박물관에 보관되어 있다.

스테고사우루스

트리케라톱스

알로사우루스

공룡도 방주에 탈 수 있었을까?

대부분의 공룡 화석은 물고기나 대합조개 화석과 같은 층에서 발견되는데, 이러한 사실은 대홍수가 일어났음을 나타낸다. 땅에 사는 모든 동물이 종류대로 두 마리씩 방주에 탔는데, 공룡은 수백 종이 알려졌지만 60여 종류로 구분할 수 있어 실제로 방주에 탄 공룡은 약 120마리 정도였을 것이다. 일부 공룡은 완전히 자라면 무척 크지만 가장 큰 공룡 알은 축구공보다 작은 크기다. 아르젠티노사우루스는 성장하면 37m까지 자라지만 방주에는 어린 공룡을 태웠을 것이다. 더구나 많은 공룡이 다 성장한다고 해도 그리 크지는 않았다. 콤프소그나투스와 같은 종류에 속하는 시노사우롭테릭스는 칠면조만 한 크기였다. 화석으로 추정한 공룡의 평균 크기는 미국 들소 정도며, 어린 공룡의 평균 크기는 양 정도 되었을 것이다. "양" 120마리가 차지하는 공간은 3층짜리 방주의 한 층 구석 일부만 있으면 충분했을 것이다.

홍수 이후의 공룡

홍수 이후에 다른 동물과 함께 방주에서 나온 공룡은 중동 지방에서 다른 곳으로 이동했을 것이다. 이러한 추정은 홍수 이후의 기후와 지금의 기후가 완전히 달랐을 것으로 추정할 때 가능한 일이다. 빙하기 동안에도 중동 지방은 열대 기후여서 많은 비가 내리고 공룡이 번식하기에 알맞은 환경이었을 것이다. 공룡 화석이 열대 식물과 함께 발견되는 점이나 용을 다루고 있는 전설을 보면 공룡이 늪지대에서 살았을 것으로 추측된다.

케라토사우루스

공룡과 용의 전설

약 4,300년 전 대홍수가 끝나고 방주에서 나온 공룡과 동물은 유럽, 중국을 거쳐 전 세계로 퍼졌을 것이다. 하나님이 바벨탑 사건을 통해 사람들을 전 세계로 흩어지게 하셨을 때, 어떤 사람들은 이미 그곳에서 수백 년 동안 살고 있던 공룡을 만났을지도 모른다. 이러한 만남은 사람들 사이에 기록, 조각, 전설 등으로 남겨져 있다.

고대 역사가들은 용이 다른 친근한 동물과 함께 실제로 살았던 동물이라고 기록했다. 공룡에 관한 기록은 조각물, 조소, 부조, 그림, 모자이크, 직물, 상형 문자, 암석화 등으로 전 세계에 걸쳐서 발견된다. 이러한 그림이 공룡인 것을 설명하려면 뿔, 피부 돌기(척추를 따라 나 있는 뾰족한 판 모양의 돌기), 긴 꼬리, 긴 목, 큰 이빨 및 몸 아래쪽으로 뻗은 다리 등을 살펴볼 수 있다. 오늘날 우리가 알고 있는 걸어 다니는 파충류는, 다리가 몸의 옆쪽에 붙어 있고 팔꿈치와 무릎에서 아래쪽으로 뻗어 땅과 접하고 있다. 그러나 수많은 자료에서 볼 수 있듯이 공룡은 개처럼 다리가 몸의 아래쪽에 붙어 있다.

이슈타르 문

바벨론 왕 느부갓네살 2세는 B.C. 575년에 이슈타르 문을 만들라고 명령했다. 바벨론 여신 이슈타르에게 헌신하기 위해 만들어진 이 문은 도시로 들어가는 여덟 번째 문이었다. 이 문에는 들소와 용의 이미지가 겹쳐 보이도록 그려져 있는데, 악어처럼 보이지는 않는다. 고대 바벨론 사람들은 이 동물을 직접 목격했을 것이다. 왜냐하면, 이들이 목격했던 들소를 이렇게 그렸을 이유가 없기 때문이다. 이 그림은 독일 베를린에 있는 페르가몬 박물관 문에 새겨져 있다.

용을 묘사한 수많은 자료를 보면 모두 공룡에 관해 설명하고 있다. 각 지역에서 발견되는 공룡 화석은 서로 달라도 공룡 전설은 비슷한 내용으로 구전되고 있다.

캄보디아 앙코르 와트 건물 벽에 조각된 스테고사우루스

캄보디아 앙코르 와트 타프롬(Ta Prohm) 사원은 12세기 후반–13세기 초반에 지어진 것으로 수도원과 대학으로 사용되었다. 이 수도원의 건물 벽에는 스테고사우루스로 보이는 그림이 새겨져 있다. 이 동물은 오늘날에도 볼 수 있는 다른 동물과 함께 새겨져 있는데, 건물을 조각했던 조각가는 이 공룡을 분명 보았을 것이다.

이 화석은 미국 사우스다코타 주에서 발견된 드라코렉스 호그와트시아(Dracorex hogwartsia)라고 불리는 동물의 두개골 화석으로 뾰족한 뿔, 긴 주둥이를 가지고 있다. 조앤 롤링(Joan K. Rowling)이 쓴 소설 『해리 포터』를 기념하기 위해 이렇게 이름 지어졌다.

IV. 생명과학의 증거

중국의 12궁도

중국의 12궁도는 12년 주기로 반복되는데, 한 해를 한 종류의 동물과 연결 지어 특징적으로 설명하고 있다. 12가지 동물 중에는 용도 있다. 왜 중국에서는 12궁도에 실제 존재하는 동물 열한 종류를 사용하면서 한 종류는 전설적인 동물인 용을 사용했을까? 12궁도를 만든 고대 중국 사람들이 공룡이라고 여겨지는 용과 다른 열한 종류의 동물을 목격했기 때문이 아닐까?

이름	설명	출처 혹은 언어
아지우굼	거대한 파충류	이누이트
박산	무시무시한 수중 괴물	다코타 족
베헤못	거대한 늪 파충류	히브리어(욥기)
드라콘	용	그리스
그렌델	늪에 사는 괴물	덴마크
크누커	늪에 사는 용	웨일스
롱	용	중국
피미유	거대한 파충류	이집트 상형 문자
로쿠아호	거대한 파충류	이로쿼이 족
스모크	용	폴란드
욱테나	뿔 달린 수중 괴물	체로키 족
웜(부름)	용	독일

"용"(dragon)이라는 단어는 대홍수 이후에 있었던 공룡 중 한 종류이거나 날아다니는 파충류를 의미한다.

미국 유타 주에 있는 내추럴 브리지스 국립천연기념물(Natural Bridges National Monument) 카치나교(Kachina Bridge)에서 발견된 공룡 사우로포드의 그림이다.

용을 물리친 성 조지

성 조지(St. George)는 A. D. 3세기경 로마 군대의 장교로, 용을 죽인 인물로 알려진 사람이다. 그 이야기는 다음과 같다. 용 한 마리가 샘물 근처에 둥지를 틀고 살았는데, 사람들은 물이 필요할 때마다 양을 한 마리씩 바쳐야 했다. 더 이상 바칠 양이 없게 되자 처녀를 바치게 되었고, 결국에는 왕의 딸인 공주까지 바쳐야 할 상황이 되었다. 그때 성 조지가 나타나서 용을 죽이고 공주를 구해 냈다고 한다. 역사가들은 페르세우스가 안드로메다 공주를 구한 그리스 신화 이야기와 성 조지의 이야기를 비교하기도 하고, 사람을 희생 제물로 바치던 이교도들과 기독교인의 저항을 비교하기도 했다. 이 이야기는 논란이 있긴 하지만 전 세계적으로 이와 유사한 전설이 많이 있다.

V. 신화와 오류

"망령되고 헛된 말과
거짓된 지식의 반론을 피함으로
네게 부탁한 것을 지키라"
(딤전 6:20).

찰스 다윈

찰스 다윈(Charles Robert Darwin, 1809-1882)은 영국의 박물학자로, 모든 생물은 공통 조상으로부터 기원한다는 이론을 발표하여 유명해졌다. 그는 『종의 기원』이라는 책을 통해 1859년 자연선택에 의한 진화 이론을 발표했다. 많은 진화론자가 자연에서 볼 수 있는 생물의 다양성을 설명하는 이론으로 다윈의 이론을 받아들였다.

그러나 다윈의 이론은 과학 이론이 가져야 할 기본 조건에 근거하지 않기 때문에 과학적이지 않다. 얼룩말, 말, 당나귀 등은 서로 간에 잡종을 만들 수 있기 때문에 같은 종류라고 여긴다. 과학자들은 이러한 종류 내에서의 돌연변이를 관찰했지만, 한 종이 다른 종으로 변하는 것을 관찰하지는 못했다. 화석 기록을 보면 중간 형태인 "빠진 고리"를 전혀 찾을 수 없다. 지금까지 중간 형태라고 했던 화석도 진화론자들에 의해서 이의 없이 받아들여진 화석은 단 한 점도 없다.

1885년 조지프 보엠(Joseph Boehm)이 제작한 찰스 다윈의 동상으로 런던 자연사박물관에 있다.

비글호를 타고 여행하다

다윈은 신학을 공부하기 위해 의과대학을 중퇴했고, 이어 자연을 연구하기 위해 딱정벌레를 채집하기 시작했다. 그는 신학대학을 졸업한 후 비글호에 승선하여 남아프리카를 탐험할 기회를 얻게 되었는데, 그 여행에서 몇 가지 중요한 점을 관찰했다. 다윈은 영국의 지질학자인 찰스 라이엘(Charles Lyell)의 영향을 크게 받아, 지구의 나이는 매우 많으며 점진적으로 변해 왔다는 동일과정설을 주장하던 사람이었다. 이러한 편견으로 그는 자신이 관찰한 결과에 대해 잘못된 결론을 내렸고, 이로 인해 진화론이 발전하게 되었다.

V. 신화와 오류

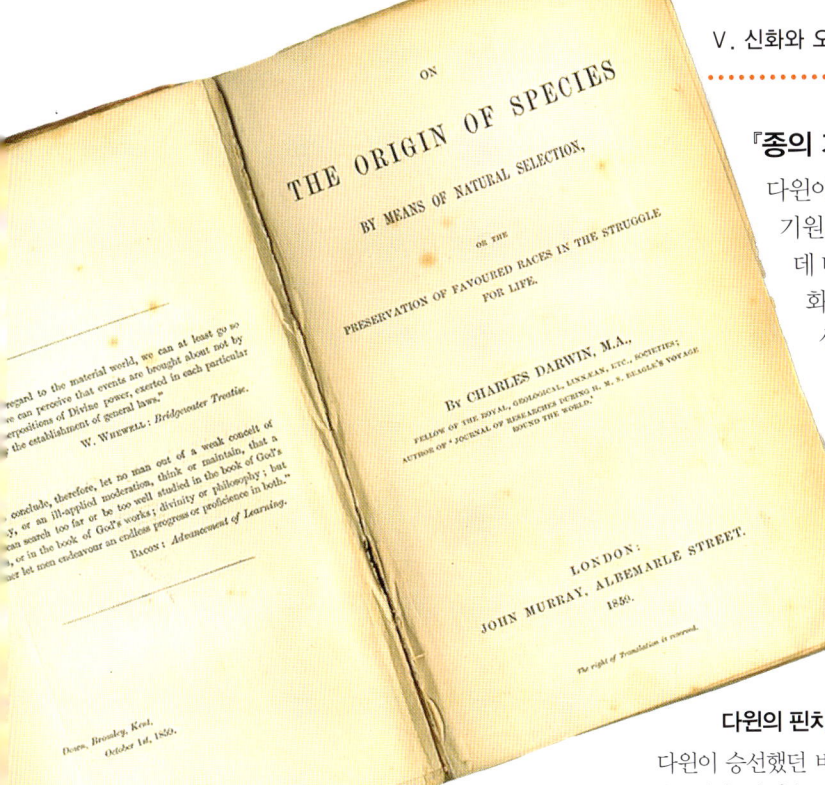

『종의 기원』의 중요한 문제점

다윈이 1859년에 발표한 이 책의 원래 제목은『자연선택에 의한 종의 기원, 또는 생존 경쟁에 있어서 유리한 종족의 보존에 대하여』다. 그런데 다윈도 그의 이론에 문제점이 있다는 것을 인정했다. 1) 중간 형태 화석이 없다는 점, 2) 기관이 복잡하다는 점, 3) 자연에서 발견되는 생물이 완벽하다는 점, 4) 동일 종류를 벗어나면 생식하지 못한다는 점(말과 당나귀는 교잡할 수 있으나 말과 도마뱀은 교잡하지 못함) 등이다. 다윈은 자신의 이론이 가지고 있는 문제점이 후대 학자들의 연구로 해결될 것이라고 생각했다. 그러나 과학 자료가 많이 모일수록 그의 이론은 점점 더 문제점이 많은 것으로 드러났다. 그가 발견하여 진화의 증거라고 했던 핀치새 부리의 모양과 크기도 핀치새 종류의 변이일 뿐 다른 종류의 동물로 진화된 것은 아니다.

1. Geospiza magnirostris.
2. Geospiza fortis.
3. Geospiza parvula.
4. Certhidea olivasea.

다윈의 핀치새

다윈이 승선했던 비글호는 갈라파고스 섬에 상륙했다. 다윈은 그곳에서 여러 가지 동물을 연구했는데, 다양한 핀치새에 특히 집중했다. 그는 핀치새의 부리 형태와 크기가 서로 다른 현상에 관심을 가졌고, 이러한 차이는 핀치새가 이 섬으로 온 이후 환경의 영향으로 진화된 것이라고 주장했다. 그러나 과학자들이 연구한 결과, 다윈의 이론과 달리 부리는 진화하지 않았으며 몇 세대 후에는 다시 원래 모습으로 돌아갔다. 부리의 변화에도 핀치새는 여전히 핀치새이며 다른 동물로 변하지 않은 것이다.

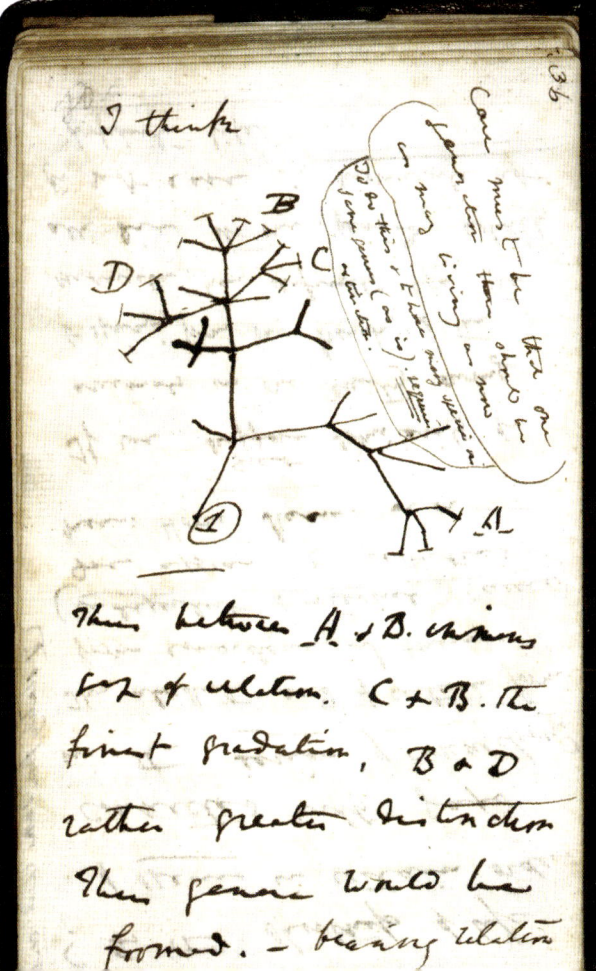

다윈의 계통수

다윈이 1837년에 그린 "계통수"로 그의 노트에서 따온 것이다. 윗부분에는 "나는 생각한다(I think),"라고 기재되어 있다. 이 계통수는 "모든 생물은 공통 조상에서 나온 것이 아닐까?"라는 생각에 불과한 것이었다. 그 이후 많은 진화론자가 다양한 계통수를 그렸지만, 오늘날 관찰되는 생물의 계통에 관해 설명해 줄 수 있는 것은 없다. 특히 다윈 시대에는 없었던 유전학적 연구 결과, 모든 생물은 각각 독특하게 설계되었다는 사실이 밝혀졌다.

알프레드 러셀 왈라스

영국의 박물학자인 알프레드 러셀 왈라스(Alfred Russel Wallace)는 자연선택을 이용하여 다윈과는 다른 자신만의 독특한 이론을 만들어 냈다. 그는 다윈을 만난 적이 있으며 "원종에서 독립적으로 분리하여 변이되는 경향"이라는 원고의 교정을 부탁하기도 했다. 다윈은 왈라스의 원고를 자신의 친구인 찰스 라이엘과 식물학자인 조지프 후커(Joseph Hooker)에게도 보냈다. 후커는 1858년에 왈라스의 원고를 출판하도록 결정했다. 왈라스는 다윈과 달리 자신의 연구를 위해서 활발하게 여행했으며 변종이 만들어진다고 믿었다. 그러나 다윈은 비글호 여행 후에도 변종이 만들어진다는 이론을 믿지 않았다.

중간 형태는 없다

진화론 과학자들은 찰스 다윈이 주장한 자연선택에 의한 진화론을 뒷받침하기 위해 자연에서 중간 형태의 생물을 발견하려고 한다. 다윈은 『종의 기원』을 출판할 당시 중간 형태의 화석이 없다는 것을 알았고, 과학자들에 의해서 언젠가는 발견될 것이라고 생각했다. 지금까지 많은 화석이 학술지나 언론을 통해 "빠진 고리"라고 발표되었지만, 깊이 연구한 결과 이들 모두가 날조된 것이거나 잘못된 것으로 밝혀졌다. 결론적으로 중간 형태의 생물은 화석으로도 발견된 적이 없고, 현존하는 생물 중에서도 발견된 적이 없다.

> 진화론은 기본적으로 "공통 조상에서 기원한다"는 개념을 가지고 있다. 그러나 어떠한 생물도 조상과 후손이 연결되어 있다는 화석 증거가 없다. 실제로 중간 형태라고 발표되었던 자료 중에서 진화론자들이 100% 옳다고 인정한 자료는 단 하나도 없다.

시조새 화석

시조새 화석은 파충류와 조류의 중간 형태라고 알려진 것이다. 이 화석은 연구 결과 중간 형태가 아니라 완벽한 새라는 사실이 밝혀졌다. 시조새는 공룡과는 다르게 비행하기 위한 감각 기관과 신경이 들어가야 하기 때문에 뇌 공간이 상당히 큰 것으로 밝혀졌다. 그뿐 아니라 시조새는 비행용 근육이 붙어 있는 쇄골 내부가 텅 비어 있었다. 쇄골 내부가 빈 것은 파충류의 앞다리에서는 전혀 볼 수 없는 현상이며 공통 조상에서 기원한다는 진화론과는 다른 부분이다. 시조새의 앞날개 끝에 붙어 있는 발톱도 가지에 앉을 수 있는 새의 특징이다. 즉, 시조새는 조금 특별한 새일 뿐인 것이다.

틱탈릭

2003년 진화학자에 의해 발견되어 중간 형태의 멸종된 물고기, 틱탈릭(Tiktaalik)이라고 명명된 화석으로 양서류처럼 머리가 납작하고 눈이 머리 위쪽에 붙어 있다. 목뼈가 어깨뼈에 붙어 있지 않아서 자유롭게 회전할 수 있으며, 물고기보다는 양서류에 가까운 모습을 하고 있다. 그러나 아가미, 비늘, 지느러미를 가지고 있어 물속 생활을 했을 것이다. 골반 쪽의 척추가 약하게 결합되어 있어 걸을 수는 없고 물속에서 헤엄치기에 적합한 모양을 하고 있다. 따라서 이 화석은 중간 형태가 아니라 완벽한 물고기라고 할 수 있다.

V. 신화와 오류

깃털 달린 공룡?

대부분의 박물관에서는 공룡 화석을 전시하고 있다. 거의 모든 교과서에는 천연색 깃털이 달린 공룡 그림이 수록되어 있다. 이러한 그림은 새가 수각류 공룡(육식 공룡)에서 진화되었다는 것을 주장하기 위해서 최근에 나타난 진화론의 새로운 전략인 듯하다. 그러나 모든 진화론자가 깃털 달린 공룡을 인정하는 것은 아니다. 수각류 공룡의 피부는 비늘로 덮여 있어서 새보다는 파충류에 가깝다. 전체적으로 깃털이 달린 공룡은 사실과는 너무나 거리가 먼 주장일 뿐이다.

섬유를 가지고 있는 수각류 공룡 화석이 발견되었는데, 일부 학자들은 이 섬유가 깃털로 변하는 초기 단계를 보여 준다고 해석하고 있다. 그러나 더 깊이 연구해 본 결과, 이 섬유는 깃털과는 전혀 다른 구조를 하고 있었고 피부를 구성하는 필라멘트로 밝혀졌다. 깃털로 변하는 초기 단계도 아니고 깃털도 아니었던 것이다. 수각류 공룡의 피부 화석에는 새의 피부에 나 있는 모낭 돌기와 같은 구조가 전혀 없다. 그리고 새의 화석이 수각류 공룡 화석과 함께 발견되고 있는데, 이러한 사실은 박물관에서도 교과서에서도 전혀 다루고 있지 않다. 오리, 물새, 알바트로스, 앵무새 등도 앞날개 끝에 발톱을 가지고 있다. 이미 깃털이 만들어진 수각류 공룡이 어떻게 다시 초기 깃털로 되돌아가도록 진화할 수 있겠는가? 새의 깃털이 어떠한 목적으로 공룡에게서 돋아날 수 있겠는가? 깃털 달린 공룡은 화석 증거와는 전혀 일치하지 않는다.

비록 깃털을 가진 수각류 공룡이 발견된다 하더라도 골격 구조나 내장 기관 등 다른 모든 부분은 수백만 년이 지나도 새로 진화될 수 없다. 수각류 공룡의 몸은 날아다닐 수 있는 구조가 전혀 아니다. 새의 중력 중심은 두 날개 중앙에 위치한 동체의 앞부분이지만, 공룡의 중력 중심은 몸통 뒷부분인 넓적다리 부위다. 공룡과 새의 중간 형태 화석은 걷기도 힘들고 날기도 힘든 구조를 하고 있으므로 걷지도 못하고 날지도 못하는 상황에 처했을 것이다. 새의 날개와 갈비뼈를 제거하면 새는 질식하여 죽는다는 연구 결과가 있다. 따라서 새는 진화되기 전에 질식해서 죽었을 것이다.

화석으로 발견된 공룡 피부에는 깃털이 돋아나는 모낭 돌기가 없으며 파충류의 비늘로 덮여 있다.

진화론자들이 사람과 같은 속(屬)이라고 주장하는 호모 하빌리스(Homo habilis)의 두개골 화석이다. 호모 하빌리스는 손가락뼈와 발가락뼈가 모두 길게 구부러져 있다. 이러한 해부학적 구조를 하고 있다면 사람처럼 서서 걸어 다닐 수 없고 나뭇가지에 매달려 옮겨 다닐 수만 있다. 따라서 호모 하빌리스는 중간 형태가 아니라 멸종한 원숭이 종류라고 할 수 있다.

사람과 원숭이

우리는 학교에서 사람과 원숭이가 공통 조상에서 진화되었다고 교육받아 왔다. 그러나 이것은 성경이 말하는 것과 전혀 다른 주장일 뿐 아니라 과학적으로도 옳지 않다. 창세기 1장에는 사람이 다른 피조물과는 다르게 하나님의 형상을 따라서 독특하게 창조되었다고 분명하게 기록되어 있다. 사람과 원숭이의 분자생물학적 분석 결과나 화석을 연구해 보면, 사람과 원숭이가 공통 조상에서 진화된 것이 아니라 완전히 다른 피조물임을 분명히 알 수 있다.

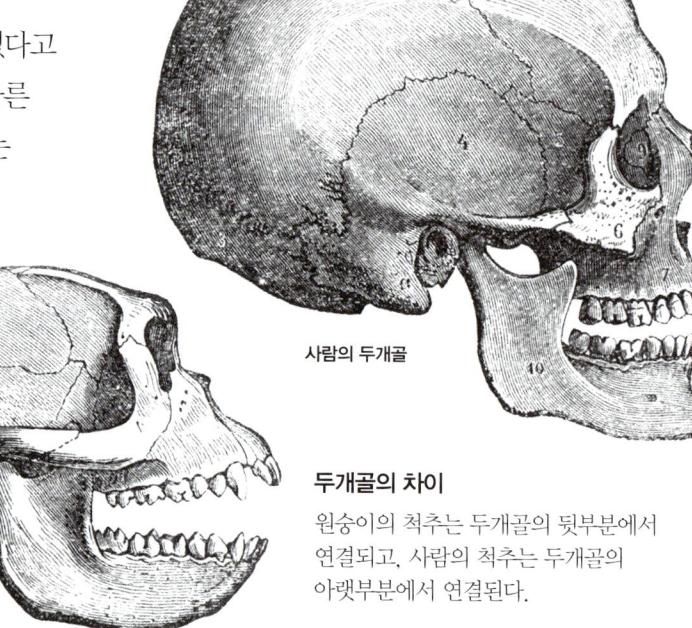

사람의 두개골

침팬지의 두개골

두개골의 차이

원숭이의 척추는 두개골의 뒷부분에서 연결되고, 사람의 척추는 두개골의 아랫부분에서 연결된다.

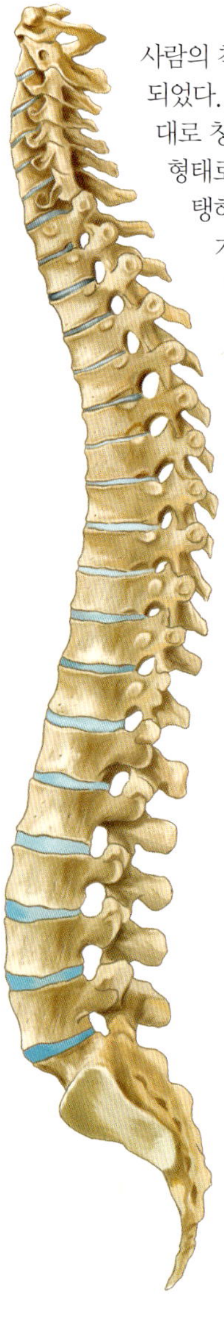

사람의 척추는 동물의 척추와 다르게 설계되었다. 하나님은 사람을 하나님의 형상대로 창조하실 때, 사람의 척추를 S자 형태로 만드셨다. 머리를 똑바로 지탱하고 체중을 엉덩이에 전달하기 위해 이렇게 설계하신 것이다. 이러한 구조는 우리 몸의 다른 부분과 잘 조화되어 두 발로 걸을 수 있게 한다. 하나님은 사람의 신체 구조를 어떤 동물과도 다른 독특한 구조로 설계하셨다.

유전적으로 99% 같은가?

진화론 과학자들은 사람과 침팬지가 유전적으로 99% 동일하다고 말한다. 이러한 주장은 전혀 과학적이지 않다. 그 이유는 이러한 연구가 전체 유전체(게놈, genome) 중에서 매우 유사한 것으로 알려진, 아주 작은 부분을 대상으로 이루어졌기 때문이다. 사람과 침팬지의 유전자 전체를 비교해 보면 70%가 비슷하다. 이러한 유전 정보의 차이로 사람과 침팬지가 전혀 다르게 나타난다. 유전자가 유사한 이유는 공통 조상에서 진화해서가 아니라 같은 창조주에 의해서 창조되었기 때문이다.

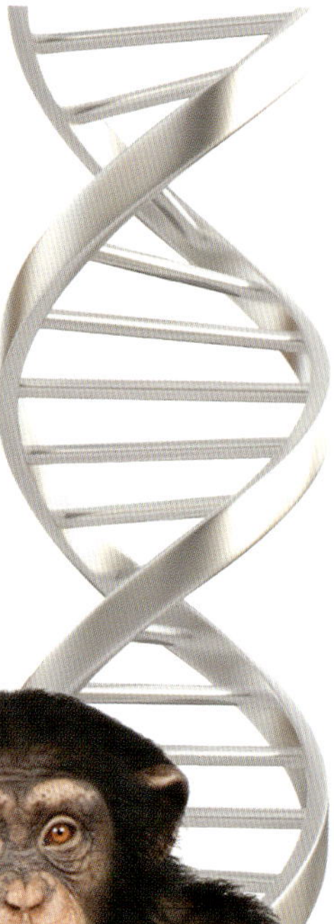

V. 신화와 오류

루시

1974년 미국의 고생물학자인 도널드 요한슨(Donald Johanson)이 아프리카의 에티오피아에서 부분적으로 완전한 골격을 발견했다. 그는 이것을 오스트랄로피테쿠스 속으로 명명하고 비틀즈의 "Lucy in the Sky with Diamonds"라는 노래를 따라 "루시"(Lucy)라는 별명으로 불렀다. 이 화석은 320만 년 된 것으로 추정되었고 키는 약 106cm였다. 요한슨은 루시가 직립 보행을 했고 사람으로 진화했을 것이라고 주장했다. 루시는 40% 정도의 골격만 발견되었는데, 사람보다는 원숭이에 가까운 모습이었다. 이 골격을 진화론 과학자와 창조론 과학자가 함께 연구한 결과, 사람의 조상이라는 부분에서 많은 의문점이 있었고, 결국 멸종한 원숭이와 유사한 것으로 밝혀졌다. 그러나 실제 연구 결과를 밝히지 않은 채 박물관에서는 관람객을 끌어들이기 위해 이 화석을 전시하고 있으며, 과학 교과서에서도 인류의 조상으로 다루고 있다.

루시의 두개골은 몇 조각만 발견되었고 완전한 두개골은 발견되지 않았다. 다른 오스트랄로피테쿠스의 두개골은 사람보다는 원숭이의 두개골에 가까운 모양이었다.

루시의 손가락뼈뿐만 아니라 다른 오스트랄로피테쿠스의 손가락뼈도 완전한 모습으로 발견되지는 않았다. 그런데 길고 구부러져 나무를 붙잡고 옮겨 다니기에 적합한 모양을 하고 있다. 원숭이는 사람이 하는 모습을 모방하려고 하고 먹이를 구할 때 도구를 사용하기도 하지만, 원숭이의 손은 사람의 손이 할 수 있는 많은 일을 하지는 못한다고 밝혀졌다.

또 다른 "빠진 고리"

루시가 사람의 조상이 아니라는 사실이 밝혀진 이후, 사람의 조상일 가능성이 있는 동물의 화석이 독일에서 발견되었다. "이다"(학명 : Darwinius masillae, 사진)라는 별명이 붙은 이 화석은 멸종된 여우원숭이로 밝혀졌다. 에티오피아 아와시 강에서 발견된 "아르디"(학명 : Ardipithecus ramidus)라는 화석도 멸종된 원숭이 종류로 밝혀졌다. 이 두 가지 화석 모두 중간 형태의 화석이 아니다.

루시의 골반뼈는 완전하지 않은 상태로 발견되었다. 이 뼈를 근거로 직립 보행을 했다고 추정하는 것은 많은 문제가 있다.

오스트랄로피테쿠스의 무릎뼈를 보면 오늘날 볼 수 있는 피그미침팬지처럼 걸었을 것으로 추정되는데, 그렇다고 사람처럼 똑바로 걸을 수 있는 것은 아니다. 요한슨은 루시를 발견한 곳에서 2-3km 떨어진 땅속 60m 지점에서 무릎 관절뼈를 발견하여 이 관절뼈가 루시의 것이라고 주장했다. 하지만 이 무릎 관절뼈는 다른 오스트랄로피테쿠스의 것일 가능성이 크다. 골반뼈가 완전하지 않았는데도 루시가 직립 보행을 할 수 있다고 주장하는 것은 문제가 있으며, 무릎 관절뼈 역시 사람처럼 반듯하지 않다는 사실이 밝혀졌다.

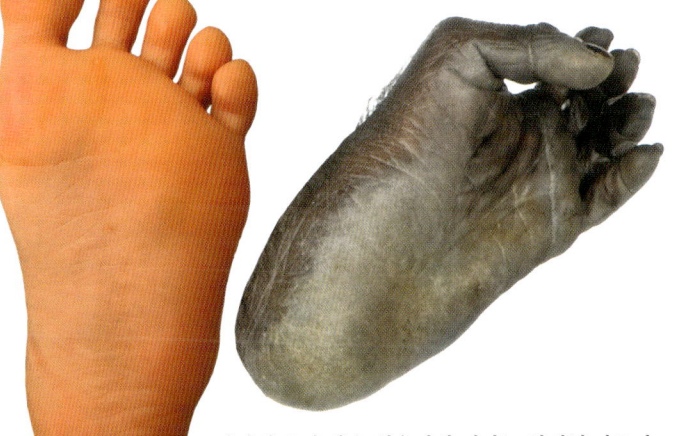

사람의 손과 발은 원숭이의 것과는 완전히 다르다. 원숭이의 손발은 나무를 붙잡고 그네를 탈 수 있도록 되어 있고, 사람의 손발은 걷거나 일을 할 수 있도록 만들어졌다. 사람의 척추는 두 발로 걷기에 가장 알맞도록 설계되어 있다.

잘못된 설계인가?

진화론자들은 전능하신 하나님이 인체의 각 부분을 설계했다면 이처럼 조악하게 설계하지는 않았을 것이라고 주장한다. 그러나 이는 설계의 기본 틀도 이해하지 못한 채 인체의 각 부분이 얼마나 완벽하게 기능을 수행하는지 모르고 하는 주장이다. 사람의 인체 각 기관은 깜짝 놀랄 정도로 정교하게 작동되며 설계가 잘못되었다는 것은 의학적 증거와는 전혀 맞지 않는다.

"잘못된 설계"라는 것은 하나님이 얼마나 전능하신지, 하나님의 설계가 얼마나 정밀한지 이해하지 못하여 하는 주장이다. "어떻게 설계 되었는가"와 "설계되었는가, 아닌가"는 전혀 다른 문제다. 설계되지 않았다는 주장이 진화를 뒷받침하는 것은 아니다. 연구 결과, 자연에서 일어나는 과정으로는 조악한 디자인조차도 할 수 없다고 밝혀졌지만, 실제로는 아무 디자인도 할 수 없다고 봐야 한다.

다양한 기능

"잘못된 설계"에 관한 논쟁은 각 부분이 서로 협력할 수 있다는 설계 관점에서 보면 약간 부족한 면이 있는 것 같다. 예를 들면, "맥가이버 칼"은 고급 식당에서 사용하기에 적절하지 않지만 잘못된 설계는 아니다. 특정한 한 가지 부분의 기능을 최대한 좋게 만들지 않았다고 도구 전체가 설계되지 않았다는 뜻은 아니다. 여러 가지 특징이 균형 있게 나타나게 하는 것이 설계인데, 이러한 균형은 설계를 뛰어넘는 하나님의 성품을 나타낸다.

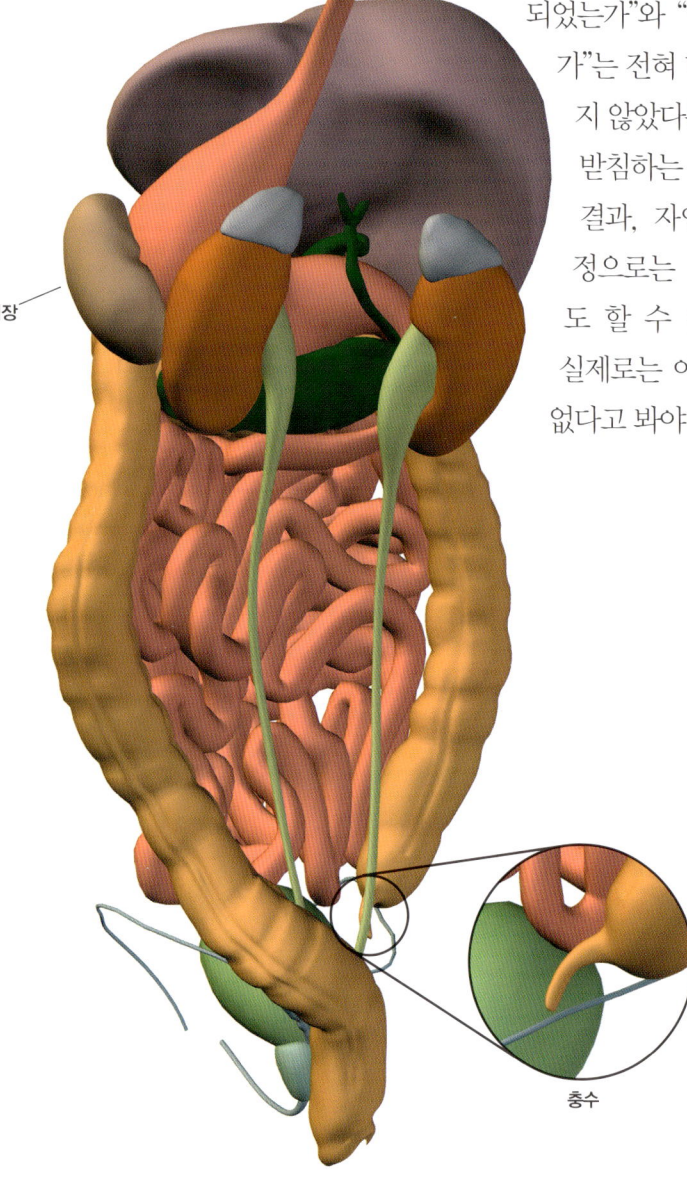

비장

충수

비장은 혈액을 걸러 주는 역할을 하지만 사람은 비장이 없어도 생명을 유지하는 데 문제가 없다. 그러나 비장이 제자리에서 제 기능을 수행하도록 원래 만들어진 대로 두는 것이 가장 좋다.

충양돌기라고도 불리는 충수는 쓸모없는 것처럼 보이지만, 실제로는 면역에서 중요한 역할을 수행한다.

V. 신화와 오류

불필요한 구조

진화론자들은 우리 몸에 필요하지 않아서 진화 과정에 퇴화된 기관이 있다고 주장하며 이것을 "흔적 기관"이라고 부른다. 그러나 흔적 기관은 존재하지 않는다. 과거에는 특별한 기능을 수행하지 않는 줄 알았던 기관이 실제로는 특별한 기능을 수행하는 것으로 밝혀졌기 때문이다. 일부 기관은 생명 유지에 필요하지는 않으나 중요한 기능을 수행한다. 사람뿐 아니라 동물에게서도 이런 기관을 많이 볼 수 있다. 하나님은 각 기관이 완벽하게 기능을 수행하도록 창조하셨다.

부족한 기능

기능이 떨어진다고 하여 설계되지 않았다는 뜻은 아니다. 사람도 역시 완벽하지 않게 물건을 만들 때가 있다. 기능이 부족하다고 해서 하나님이 설계하신 것이 아니라는 말이 아니다. 하나님이 설계하셨다고 해서 항상 최고의 기능을 수행할 필요는 없다는 것이다. 자연에서 기능이 약간 부족한 것을 발견한다고 하더라도 기능이 부족한 대로 필요한 것을 알고 있다. 예를 들면, 후두신경은 길이가 너무 긴 것 같지만, 사람의 배아(embryo, 사람의 경우 수정 후 첫 8주까지의 태아) 발생 과정을 연구해 보면 태아가 발달하는 과정에서는 반드시 길어야 한다는 것을 알 수 있다.

꼬리뼈는 우리 몸에서 매우 중요한 뼈로, 많은 근육과 힘줄, 인대가 붙어 있다. 그래서 의사들은 수술할 때 꼬리뼈 주변의 근육을 매우 신중하게 다룬다. 꼬리뼈는 사람이 앉아 있을 때 몸의 중심을 잡는 역할을 하기 때문에 세 번째 다리라고도 한다. 만약 교통사고로 꼬리뼈가 부서지면 변실금이 일어나기 때문에 평생 기저귀를 차고 생활해야 할지 모른다.

진화론자들은 사람의 조상이 나뭇잎을 먹고 살았는데, 식물 세포의 섬유소를 분해하지 못하기 때문에 사랑니를 사용하여 나뭇잎을 잘게 갈았다고 주장한다. 그러나 성경에는 "하나님이 이르시되 내가 온 지면의 씨 맺는 모든 채소와 씨 가진 열매 맺는 모든 나무를 너희에게 주노니 너희의 먹을거리가 되리라"(창 1:29)라고 기록되어 있다. 이 말씀에 따르면, 사람은 처음부터 채식을 하도록 창조되었고 사랑니는 그 목적에 맞도록 설계된 것이라고 할 수 있다.

쓰레기 DNA

과학자들은 아무 기능을 하지 않는 DNA가 있는지 확인하기 위해 모든 DNA를 면밀히 조사해 보았다. 세포 내의 DNA 전체를 유전체라고 하는데, 유전체는 A, G, C, T로 구성된 약 30억 개의 염기쌍으로 되어 있기 때문에 모든 DNA를 분석하는 것은 불가능하다. 이러한 DNA는 엄마 배 속에서 10개월 동안 태아의 몸을 형성하게 하며, 출생 이후 성인이 되면 약 100조 개의 세포로 이루어진 몸을 만들도록 암호화되어 있다.

사람의 유전체가 밝혀진 후 12년 만에 전체 유전체 기능의 80%를 찾아냈다. 하지만 이러한 분야의 연구는 매우 광범위하여 전 세계의 어떤 연구팀도 완벽하게 밝혀내지 못하고 있다. 유전학 연구로 하나님이 모든 생명체를 창조하셨다는 성경 기록을 확증하게 되었다.

생명의 기원에 관한 자연주의적 설명의 허구

사람의 기원에 관해 이해하고자 하는 것은 인간 본성의 일부분이다. 그러나 "우리는 누구인가, 우리는 왜 여기에 있는가, 우리는 어디에서 왔는가" 하는 문제에 대한 답을 성경 밖에서 찾으려는 시도는 모두 실패했다. 생물이 어떠한 화학 성분으로 이루어져 있는지는 과학적 연구로 밝힐 수 있지만, 이러한 성분이 어떻게 구성되어 생물을 이루는지는 알 수 없다. 생물은 화학 물질이 조합되어 기능을 수행하도록 하는 것 이상의 복잡한 특성을 나타낸다. 생물은 살아계시고 큰 능력을 지니신 창조주 하나님이 적절한 물질을 적절한 위치에 배열하셨기에 살아갈 수 있다. 하나님이 생물을 스스로 번식할 수 있도록 정보를 넣어서 창조하셨다는 것을 믿을 때만이 그 본질을 이해할 수 있는 것이다.

에른스트 헤켈

독일의 생물학자 겸 예술가인 에른스트 헤켈(Ernst Heinrich Philipp August Heckle, 1834-1919)은 찰스 다윈의 업적과 생물의 계통수 개념을 독일에 소개한 사람이다. 그는 사람을 포함하여 모든 생물이 진화되었다는 것을 나타내는 계통수를 개발했다. 다른 사람들이 수년간 개발한 계통수와 마찬가지로 헤켈이 그린 계통수도 오류로 밝혀졌으나, 많은 과학 교과서에 아직도 수록되고 있다. 형태학적 결과로 얻어진 진화 계통의 문제점은 최근 분자생물학적 연구로 점점 더 큰 문제가 되고 있으며, 궁극적으로는 생물학적 계통도가 틀렸다는 것을 증명하고 있다. 수많은 생물을 진화 계통으로 나열한다는 것은 불가능한 일이다.

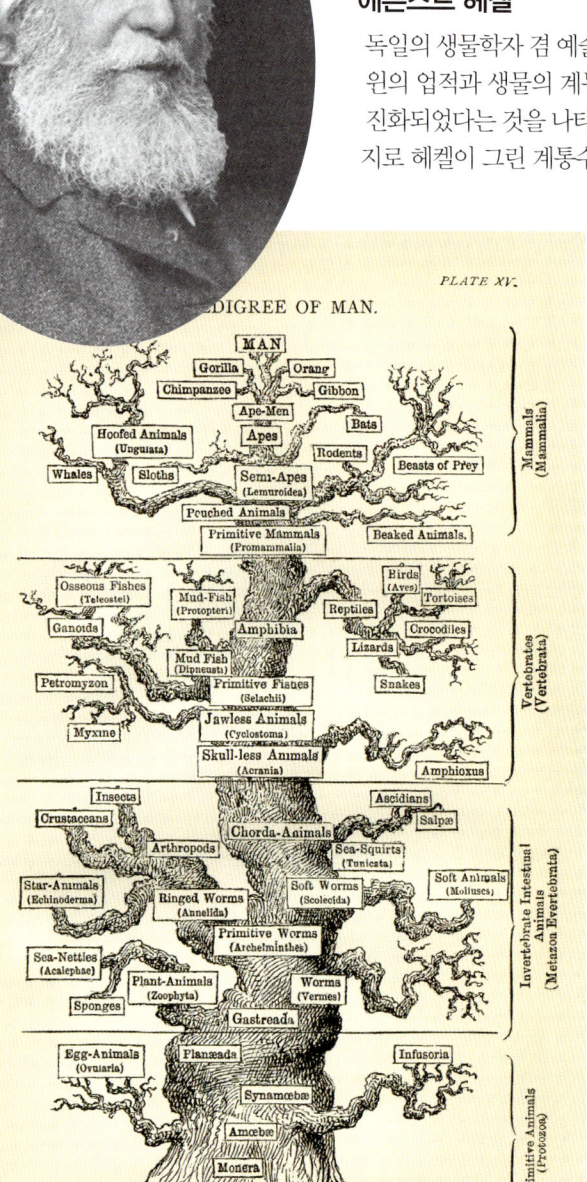

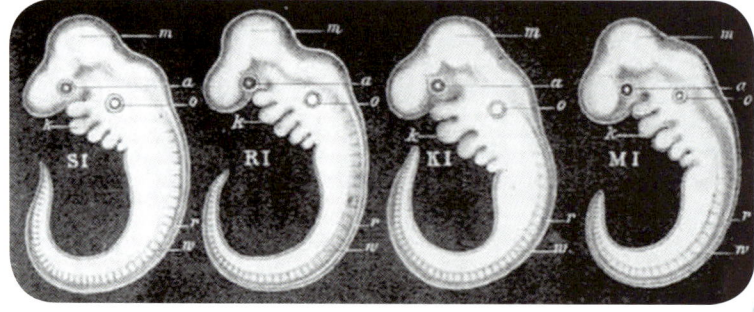

배아 발생 그림

헤켈은 학생 때부터 발생학에 관심이 많아 1868년에 사람과 동물의 배아 발생 과정을 그림으로 그려서 발표했다. 이 연구에서 그는 사람의 배아 발생 과정이 개, 거북, 닭 등과 비교할 때 시기는 다르지만 과정은 유사하다고 제안하고 이것이 진화의 증거라고 했다. 그러나 많은 연구 논문에 의하면, 사람의 배아 발생 과정은 동물과 완전히 다르며 헤켈의 그림은 조작된 것으로 밝혀졌다. 그럼에도 불구하고 이 내용이 대부분의 과학 교과서와 의학 교재에 수록되어 있다.

V. 신화와 오류

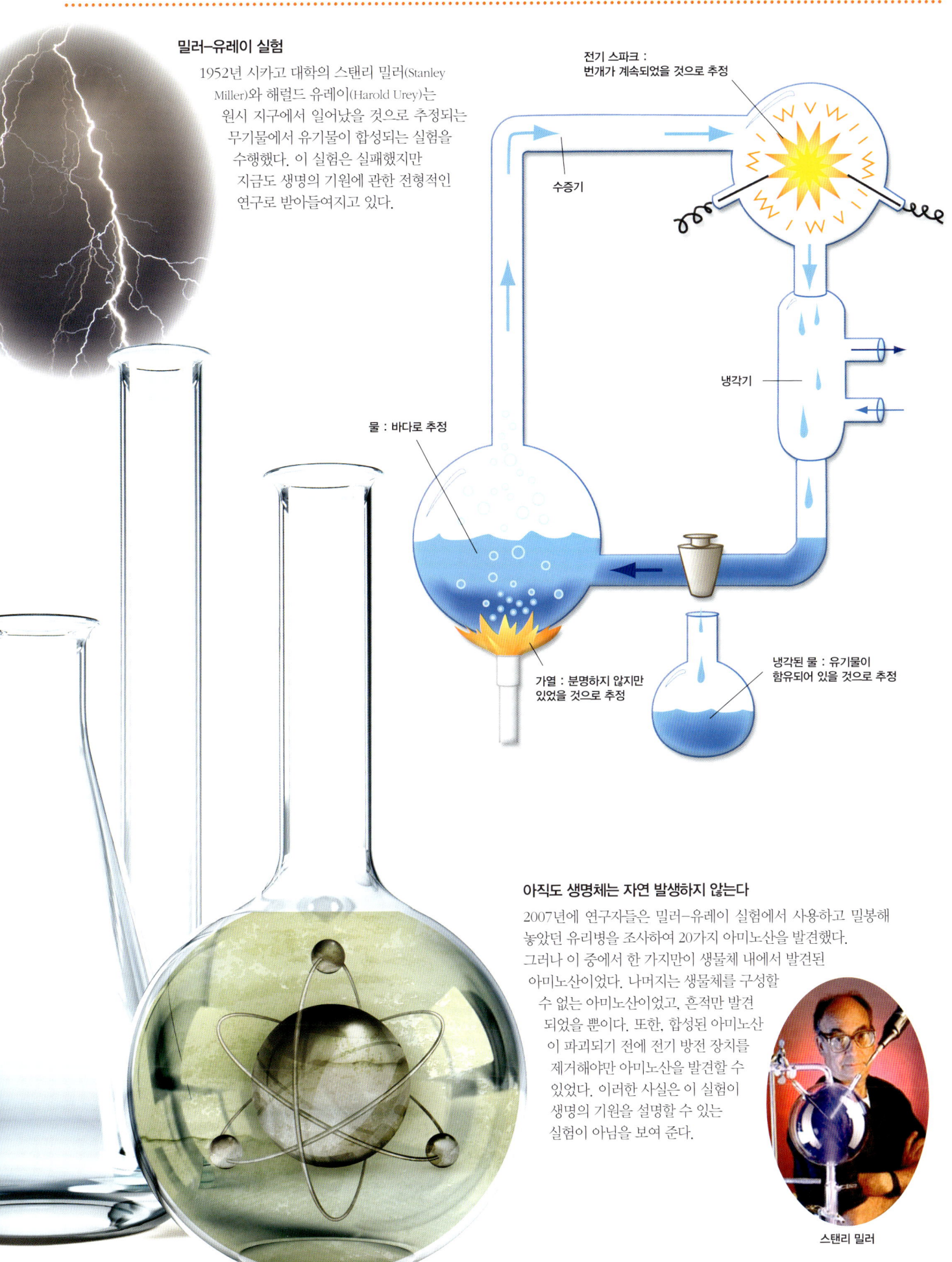

밀러-유레이 실험

1952년 시카고 대학의 스탠리 밀러(Stanley Miller)와 해럴드 유레이(Harold Urey)는 원시 지구에서 일어났을 것으로 추정되는 무기물에서 유기물이 합성되는 실험을 수행했다. 이 실험은 실패했지만 지금도 생명의 기원에 관한 전형적인 연구로 받아들여지고 있다.

전기 스파크 : 번개가 계속되었을 것으로 추정

수증기

냉각기

물 : 바다로 추정

가열 : 분명하지 않지만 있었을 것으로 추정

냉각된 물 : 유기물이 함유되어 있을 것으로 추정

아직도 생명체는 자연 발생하지 않는다

2007년에 연구자들은 밀러-유레이 실험에서 사용하고 밀봉해 놓았던 유리병을 조사하여 20가지 아미노산을 발견했다. 그러나 이 중에서 한 가지만이 생물체 내에서 발견된 아미노산이었다. 나머지는 생물체를 구성할 수 없는 아미노산이었고, 흔적만 발견되었을 뿐이다. 또한, 합성된 아미노산이 파괴되기 전에 전기 방전 장치를 제거해야만 아미노산을 발견할 수 있었다. 이러한 사실은 이 실험이 생명의 기원을 설명할 수 있는 실험이 아님을 보여 준다.

스탠리 밀러

창세기 연대의 절충

어떤 사람들은 지구의 나이가 수십억 년이라는 진화론 연대와 수천 년이라는 성경의 연대를 절충하려고 노력한다. 그러나 이는 불가능하다. 성경에는 창조 시간이 분명하게 기록되어 있기 때문이다. 이것을 다른 방법으로 해석하려고 한다면, 하나님은 거짓말하는 분이 되고 만다. "하나님이 창조하셨다고 말한 것"은 물론 "창조하셨다고 말한 시기"가 모두 거짓이 되기 때문이다. 만약 진화론 연대를 받아들여서 성경의 연대와 절충한다면, 예수 그리스도의 죽음은 아무것도 아니며 약속하신 대로 다시 오시지 않을 것이다. 우리가 그렇게 생각해서는 안 되는 세 가지 이유가 있다. 첫째, 하나님은 거짓말하지 않으시며, 둘째, 성경은 역사적 사실에 대해 분명하게 기록된 것이며, 셋째, 성경 기록과 과학적 연구 결과가 일치하기 때문이다.

하루의 정의

하나님은 첫째 날 천지를 창조하신 후에 빛을 만드시고 "빛과 어둠을 나누셨다"(창 1:4). 그리고 "빛을 낮이라 부르시고 어둠을 밤이라 부르셨다"(창 1:5). 이어 "저녁이 되고 아침이 되니 이는 첫째 날이니라"(창 1:5)라는 말씀이 나오는데, 하나님은 "날"(day, 히브리어 "욤" (yom)), 즉 하루를 "저녁이 되고 아침이 되는 것"으로 정의하시고 "날"이라는 단어를 7일 동안 계속 사용하신다. 구약에서는 "저녁과 아침"이라는 말이 38회 나오는데, 모두 정상적인 하루를 의미한다. 출애굽기 20장 11절에는 "엿새 동안에 나 여호와가 하늘과 땅과 바다와 그 가운데 모든 것을 만들고 일곱째 날에 쉬었음이라"라고 기록되어 있는데, 이때 사용된 "날", 즉 "욤"은 창조 주간에 사용된 "욤"과 같은 단어다.

창조 이후의 시간

아브라함은 B.C. 2000년(지금으로부터 약 4,000년 전)경에 살았던 인물로, 이 연대는 역사가들이나 고고학자, 성경학자들 모두 동의하고 있다. 아브라함 이전의 창세기 연대는 한 사건 이후에 일어나는 다른 사건 사이의 연수로 결정한다. 1년 중 반년이 걸린 사건이나 대홍수에 관계없이 사건–사건을 통하여 지구 나이를 추정하는 것이다.

임신 기간과 생일이 몇 월인지를 고려하지 않고 연대를 계산한다면 다음과 같다.

최저 기간 : 130+105+90+70+65+162+65+187+182+600+2+35+30+34+30+32+30+29+70=1,948년보다는 길다.

최대 기간 : 131+107+92+72+67+164+67+189+184+602+3+37+32+36+32+34+32+31+73=1,985년보다는 짧다.

따라서 아담 창조 이후 아브라함 탄생까지는 1,985년보다는 짧고 1,948년보다는 길어야 한다. 엿새 동안 창조하셨고 일곱째 날 쉬신 것을 감안하더라도 지구의 나이는 6,000년 정도 되었다고 할 수 있다. 성경의 다른 역본을 고려한다고 하더라도 지구와 우주의 나이는 만 년을 넘지 않는다.

아담 창조부터 아브라함 출생까지의 연대
(창세기에 기록된 사건을 문자적으로 해석할 경우)

성경	일어난 사건	임신 기간	기록된 연도	추가 기간	총 기간
1. 창 5:3	아담이 창조됨 / 아담이 셋을 낳음	알 수 없음	130	≤ 1	≤ 131
2. 창 5:6	셋 출생 / 셋이 에노스를 낳음	≤ 1	105	≤ 1	≤ 107
3. 창 5:9	에노스 출생 / 에노스가 게난을 낳음	≤ 1	90	≤ 1	≤ 92
4. 창 5:12	게난 출생 / 게난이 마할랄렐을 낳음	≤ 1	70	≤ 1	≤ 72
5. 창 5:15	마할랄렐 출생 / 마할랄렐이 야렛을 낳음	≤ 1	65	≤ 1	≤ 67
6. 창 5:18	야렛 출생 / 야렛이 에녹을 낳음	≤ 1	162	≤ 1	≤ 164
7. 창 5:21	에녹 출생 / 에녹이 므두셀라를 낳음	≤ 1	65	≤ 1	≤ 67
8. 창 5:25	므두셀라 출생 / 므두셀라가 라멕을 낳음	≤ 1	187	≤ 1	≤ 189
9. 창 5:28–29	라멕 출생 / 라멕이 노아를 낳음	≤ 1	182	≤ 1	≤ 184
10. 창 7:6	노아 출생 / 홍수가 일어남	≤ 1	600	≤ 1	≤ 602
11. 창 11:10	홍수가 일어남 / 아르박삿이 출생함	알 수 없음	2	≤ 1	≤ 3
12. 창 11:12	아르박삿 출생 / 아르박삿이 셀라를 낳음	≤ 1	35	≤ 1	≤ 37
13. 창 11:14	셀라 출생 / 셀라가 에벨을 낳음	≤ 1	30	≤ 1	≤ 32
14. 창 11:16	에벨 출생 / 에벨이 벨렉을 낳음	≤ 1	34	≤ 1	≤ 36
15. 창 11:18	벨렉 출생 / 벨렉이 르우를 낳음	≤ 1	30	≤ 1	≤ 32
16. 창 11:20	르우 출생 / 르우가 스룩을 낳음	≤ 1	32	≤ 1	≤ 34
17. 창 11:22	스룩 출생 / 스룩이 나홀을 낳음	≤ 1	30	≤ 1	≤ 32
18. 창 11:24	나홀 출생 / 나홀이 데라를 낳음	≤ 1	29	≤ 1	≤ 31
19. 창 11:26	데라 출생 / 데라가 아브라함을 낳음	≤ 1 = ≤ 1	70	≤ 1	≤ 73
			총 기간 ≥ 1,948	총 기간 ≤ 1,985	

* 참고 ≥ : 이상, ≤ : 이하

간격설과 날-시대설

일부 사람들은 창세기 1장 1-2절에 긴 시간적 간격이 있고, 창조 주간에 다시 창조했다는 재창조설을 주장한다. 이 설에서는 하나님이 우주 만물을 수십억 년 전에 모두 창조하셨다가 사탄을 통해서 모두 멸망시키신 후 6일(하루 24시간) 동안 세상을 다시 창조하신 일이 창세기 1장에 기록되어 있다고 주장한다. 이러한 시각을 "간격설"이라고 하는데, 영국의 신학 교수인 토마스 차머스(Thomas Chalmers)가 찰스 다윈이 『종의 기원』을 발표하기 45년 전에 주장했다. 이것은 다윈에게 막대한 영향을 미친 찰스 라이엘이나 제임스 허턴처럼 오래된 지구를 주장하는 사람들의 의견과 성경의 역사를 조화시키려는 주장이다. 그러나 간격설과 성경의 기록은 전혀 맞지 않는다.

19세기부터 또 다른 시도가 있었는데 "욤"이라는 단어에 대해 새롭게 정의하려는 설이다. 성경 연대를 오래된 지구 연대와 조화시키기 위해 창조 주간의 "욤"을 긴 시대로 해석한 것으로, 이것을 "날-시대설"이라고 한다. 이 설에서는 창조 주간의 하루를 우주 연대의 긴 시대로 해석한다. 그러나 "시대"는 "욤"과 일치하는 기간이 아니며 날-시대설은 성경 기록과 맞지 않는다. 게다가 창조의 순서와 진화의 순서는 전혀 일치하지 않는다.

토마스 차머스

UFO 신화

하나님은 UFO와 외계인도 창조하셨을까? "UFO"는 "미확인 비행 물체"를 뜻한다. 어떤 물체가 눈앞으로 날아갔는데, 그것이 무엇인지 알 수 없으면 UFO라고 할 수 있다. 그중에는 새, 비행기, 별, 행성, 위성, 별똥별, 오로라, 번개 등 많은 것이 있는데, 사람들이 확인하지 못하면 모두 UFO인 것이다.

공상과학 소설이나 진화론의 영향으로 많은 사람이 "UFO"와 "외계인"을 연관시키려고 한다. 그러나 지금까지 보고된 모든 UFO는 자연이나 사람이 만들어 낸 것일 뿐이다. 별까지 여행을 다녀온다는 것은 있을 수 없는 허무맹랑한 이야기일 뿐이다. 공상과학 소설이 사람들로 하여금 UFO를 믿게 만드는 것이지, 과학 기술이 아무리 발달한다고 하더라도 별로 여행을 다녀올 수는 없다.

성경에는 지구가 매우 특별한 피조물이라고 설명되어 있다. 지구는 창조 첫째 날에 만들어졌고, 지구를 제외한 하늘의 모든 별과 행성과 빛은 넷째 날에 만들어졌다(창 1:16-19). 창세기 1장에는 지구가 생명체가 살기에 알맞도록 특별하게 설계되었다고 분명하게 기록되어 있고, 이사야 45장 18절에서도 이에 대해 다시 한 번 언급되고 있다. 하늘이 하나님의 영광을 선포하고(시 19:1), 시간의 흐름을 나타내도록 지음 받았다(창 1:14). 그러나 하늘은 사람이 거주하게 할 목적으로 설계된 것은 아니다(사 45:18).

성경에는 아담의 죄에 대해 온 우주가 심판을 받았다고 기록되어 있다(롬 8:20-23, 창 3:17-19). 예수 그리스도도 아담의 후손인 우리의 죄를 대신하여 죽으시기 위해 사람의 모습으로 이 땅에 오셨다. 만약 외계인이 정말로 있었다면, 그들은 예수 그리스도와 연관이 없었을 것이고, 예수님은 그들을 위해 십자가에서 돌아가시지 않으셨을 것이다. 그들이 구원받지 못한다면, 하나님은 공의롭지 못한 분이 되신다. 그러나 우리는 하나님이 공의롭고 의로우신 분임을 안다. 따라서 하나님은 분명 지적인 생명체를 지구에만 창조하셨을 것이다.

유성(별똥별)

유성은 우주의 먼지나 작은 암석이 지구의 대기로 들어오면서 대기와의 마찰로 불타는 현상을 말한다. 유성도 UFO 중에 하나로 별똥별이라고도 한다. 유성체는 시속 수천 km 정도로 빠르게 움직이기 때문에, 공기 저항으로 열이 가해져 보통 쉽게 기체로 변하게 된다. 유성 중에서 특히 밝은 것을 "화구"(fireball)라고 한다. 수 초 동안 푸른빛을 띠는 희미한 꼬리를 낼 때도 있는데, 이것은 "유성 꼬리"라고 한다. 매우 드물게 몇 분 정도 계속되는 경우에는 "지속성 유성 꼬리"라고 한다.

V. 신화와 오류

금성

금성은 가장 흔히 UFO로 오해받는 행성이다. 일출 직전이나 일몰 직후에 나타나기 때문이다. 이 행성은 밤하늘에 보이는 어떤 별보다 밝아서 간혹 이 별을 보고 놀라는 사람들도 있다. 금성은 하늘에 낮게 떠 있을 때는 희미하게 흔들리기도 하고 빛나기도 하며 갑자기 색깔이 바뀌기도 한다. 이러한 현상은 지구의 대기에서 난기류가 형성되기 때문에 일어난다. 난기류로 인해 빛의 경로가 바뀌어 나타나는 현상인 것이다. 이러한 현상을 처음 보는 사람은 이상하게 느낄 수도 있겠지만, 이는 자연 현상의 일부일 뿐이다.

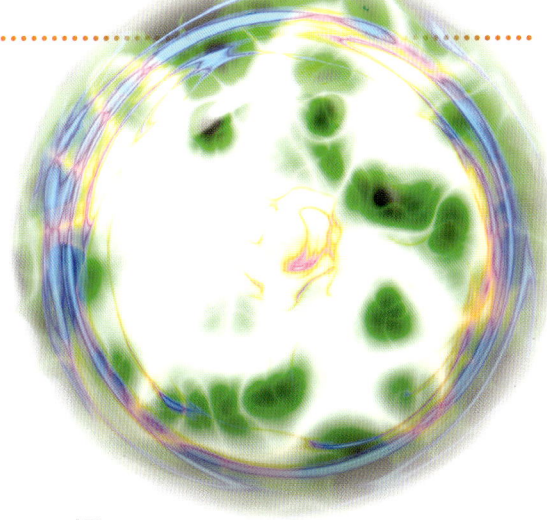

다른 UFO

자연 현상을 UFO로 잘못 본 경우도 많다. 예를 들면, 번개가 치고 폭풍우가 내릴 때 이따금 공 모양의 빛이 나타나는데, 이것을 "구전 현상"(ball lightning)이라고 한다. 그런데 매우 드물고 특이한 현상이라 이를 UFO로 오인하는 사람들도 있다.

인공위성

인공위성은 움직이면서 별처럼 빛을 내기 때문에 이것을 UFO로 오인하는 경우도 있다. 인공위성은 캄캄한 여름밤에 쉽게 볼 수 있는데, 태양 빛이 지구에 비치는 각도가 그때 가장 알맞기 때문이다. 여름밤에 몇 시간만 관찰하면 인공위성을 여러 개 볼 수 있을 것이다.

납치 이야기

어떤 사람들은 외계인에게 납치되는 불가사의한 경험을 했다고 주장하곤 한다. 그러나 사람의 감각이 항상 완벽한 것은 아니므로 사실을 잘못 해석하여 더 악화시킬 때도 있다. 알코올이나 약물 남용으로 판단력이 흐려지거나 의학적 문제로 공포, 환상, 망각에 시달릴 때 이런 비현실적인 경험을 했다고 할 수도 있다.

외계인은 귀신인가?

일부 기독교인들은 외계인을 귀신의 장난이라고 생각하기도 하는데, 귀신은 영적 존재이므로 육체가 없어 현실 세계에 나타날 수 없다. 하나님만이 육신을 창조하실 수 있다(요 1:3). 간혹 하나님이 천사를 보내셔서 사람과 교감하도록 하셨지만, 이것은 하나님의 능력이지 천사의 능력이 아니다. 천사는 무엇을 창조할 수 없다. 하나님은 타락한 천사를 이용하여 외계인을 믿도록 사람을 현혹하지 않으신다.

성경에는 하나님의 천사든지 타락한 천사든지 간에 천사가 하는 일에 대해서는 자세히 기록되어 있지 않다. 그러나 우리는 사탄이 사람의 생각을 현혹시킬 수 있다는 것을 안다. 반기독교적인 정서를 가진 사람들은 마음에서 귀신에 대한 경험을 할 수도 있다. 그러나 하나님을 믿는 사람들은 하나님의 전지전능한 능력과 성경을 믿기 때문에 두려워할 필요가 없다. "너희는 하나님께 복종할지어다 마귀를 대적하라 그리하면 너희를 피하리라"(약 4:7).

이리듐 위성에 의한 "이리듐 플레어"(Iridium flare)가 종종 UFO로 오인되기도 한다. 이 위성의 안테나와 태양의 각도가 맞을 때, 안테나가 태양 빛을 반사하여 밝게 빛나는 경우가 있는데, 이를 이리듐 플레어라고 부른다. 이 현상이 일어나면 섬광이 몇 초 동안 금성보다 더 밝게 빛난다. 웹사이트를 이용하면 이리듐 플레어가 언제 어디서 일어나는지 알 수 있다.

VI. 창조신앙의 기초

"하나님이 지으신
그 모든 것을 보시니
보시기에 심히 좋았더라"
(창 1:31).

창세기

창세기는 하나님이 역사적 사실로 만물을 창조하셨다는 내용이 기록된 책이다. 성경은 "우리가 어디에서 어떻게 왔으며, 하나님은 왜 인간을 창조하셨는지" 등 성경이 아니고서는 알 수 없는 기원에 관해 알려준다. 우리는 창세기를 통해 창조 직후의 세상이, 완전하고 사랑이 충만하신 하나님이 "심히 좋았더라"고 하실 만큼 완벽했다는 것을 알 수 있다. 오늘날의 사람들은 모두 아담과 하와의 후손으로 그들에게서 죄의 본성을 물려받았다. 창세기가 없으면 복음의 메시지를 이해할 수 없다.

창세기는 역사로서 기록되었다

어떤 사람들은 창세기가 이야기 형식으로 쓰여 있기 때문에 시(詩)일 거라고 주장한다. 영어로 쓰인 시를 형식과 운율, 박자, 발음 및 리듬 등을 중요시하게 생각하는 "하드웨어"라고 한다면, 히브리어로 쓰인 시는 단어가 내포하는 의미를 중요시하는 "소프트웨어"라고 할 수 있다. 창세기에 기록된 문장은 시처럼 읽는 것이 아니라 이야기 형식의 역사로 읽어야 한다.

율법의 기초

민법과 도덕규범은 우리의 행동을 규제한다는 기본적인 특징이 있다. 창세기를 보면 하나님이 아담에게 "선악을 알게 하는 나무의 열매는 먹지 말라"(창 2:17)고 명령하신다. 이것은 사람에게 주어진 가장 첫 번째 법이었다. 우리에게는 이러한 법이 있어야 한다. 왜냐하면, 하나님이 우리를 하나님의 형상대로 창조하셨고, 그분께 우리의 행동을 규제할 권리가 있기 때문이다. 하나님은 우리에게 자유 의지를 주시면서, 우리가 법을 지키지 않으면 벌을 받고 법을 지키면 축복을 받도록 하셨다(신 28:1-14). 우리는 하나님을 경외해야 하며 하나님의 법에 순종해야 할 도덕적 의무가 있다. 하나님은 우리가 하나님께 순종해야 할 분명한 이유를 제시하셨고, 우리의 행동을 감찰하시며 마지막 심판을 예비하고 계신다. 우리는 아담에게서 죄성, 즉 죄를 범하려는 본성을 물려받았다. 사회의 죄악을 억제하려면 민법이 필요하며, 창세기 역사를 돌아보면 율법도 반드시 필요함을 알 수 있다.

VI. 창조신앙의 기초

하나님의 본성

하나님은 거룩하시며 만물을 공의롭게 창조하신 분이다. 하나님은 거짓이 없으시다. 만약 창세기가 거짓이라면, 창조 사역은 하나님의 본성에 위배되며 성경의 모든 기록이 믿을 수 없게 된다. 하나님은 태초에 "심히 좋도록" 만물을 창조하셨으나, 아담과 하와가 타락하여 피조물을 더럽혔다. 만약 창세기 사건이 하나님이 말씀하신 대로 일어나지 않았다면, 예수님이 신약에서 약속하신 모든 것이 무의미하게 되었을 것이다. 예수님의 십자가 능력, 예수님의 구원과 은혜가 없게 되는 것이다. 비록 타락한 상태지만 하나님이 "심히 좋았더라"고 하신 피조 세계의 일부는 지금도 잘 유지되고 있다. 이러한 사실은 작은 세포에서 우주 전체에 이르기까지 과학적으로 잘 작동되고 있는 것을 보면 알 수 있다.

사람의 생명이 신성한 근거

성경에는 사람이 다른 피조물과는 질적으로 완전히 다르다고 기록되어 있다. 우리는 하나님의 형상대로 창조되었고, 동물이나 식물에는 없는 권리와 의무를 누리며 살고 있다. 이것은 사람이 살인해서는 안 되며, 동물을 먹을 수 있는 근거가 된다(창 9:3-4). 사람은 하나님의 형상대로 지음 받았기 때문에 동식물과는 완전히 다른 존재인 것이다.

결혼의 근거

성경에서는 한 남자와 한 여자가 거룩하게 연합하는 것이 결혼이라고 말한다. "이러므로 남자가 부모를 떠나 그의 아내와 합하여 둘이 한몸을 이룰지로다"(창 2:24). 이 말씀에 근거하여 오늘날의 결혼 제도가 만들어졌다. 성경을 살펴보면 곳곳에 결혼에 대한 설명이 나타나 있다. 창세기에는 결혼 제도의 근간이 설명되어 있고, 마태복음 19장 4-6절에는 예수님이 이에 대해 다시 한 번 확증하시는 내용이 나온다.

휴식과 예배의 근거

전 세계적으로 대부분의 문화가 일주일 단위로 작동된다. 이러한 제도는 어디에서 생긴 것일까? 우리는 왜 5일이나 10일 만에 쉬지 않고 일주일 만에 쉬는 것일까? 그 이유는 하나님이 엿새 동안 천지를 창조하시고 일곱째 날에 쉬셨기 때문이다(창 1:1-2:2). 출애굽기 20장 11절에는 우리가 왜 6일 동안 일하고 하루를 쉬면서 하나님께 예배해야 하는지 그 이유가 나와 있다.

심판

아담과 하와가 범죄하자 하나님은 땅을 심판하셨다. 우리는 심판 이후 어떠한 변화가 일어났는지 알 수 있다. 이 땅에서 비난받아야 할 대상은 사람이다. 성경에는 하나님이 창조하신 직후의 세상이 "심히 좋았더라"고 분명하게 기록되어 있다. 그러나 심판 이후 세상은 망가지고 불완전하게 변했으며, 이로 인해 포식자와 기생충, 질병이 나타나게 되었다.

"땅은 너로 말미암아 저주를 받고 너는 네 평생에 수고하여야 그 소산을 먹으리라 땅이 네게 가시덤불과 엉겅퀴를 낼 것이라 네가 먹을 것은 밭의 채소인즉 네가 흙으로 돌아갈 때까지 얼굴에 땀을 흘려야 먹을 것을 먹으리니 네가 그것에서 취함을 입었음이라 너는 흙이니 흙으로 돌아갈 것이니라 하시니라" (창 3:17-19).

박테리아와 바이러스

오늘날에는 더 독한 박테리아, 기생충, 바이러스가 점점 더 증가하고 있지만, 타락(혹은 아담의 범죄) 이전과 비교할 때 오히려 이로운 점이 있다고 할 수 있다. 예를 들면, 대장균은 사람 몸의 어디에서 살고 있느냐에 따라 좋을 수도 있고 나쁠 수도 있다. 대장균이 대장에 서식할 때는 비타민 B와 K를 생산하지만, 대장을 빠져나와 다른 곳에서 서식한다면 치명적일 수 있다. 사람이나 동물은 세포 내에 카스파제라는 효소를 가지고 있는데, 이 효소는 세포가 스스로 죽도록 유도하는 기능이 있다.

유익한 박테리아

원래 질병을 일으키는 박테리아라 하더라도 특별한 환경에서는 유익한 기능을 수행한다. 비브리오는 사람의 소장에 감염되면 콜레라를 유발한다. 꼬리 잘린 하와이 오징어에 공생하는 비브리오는 특이한 빛과 강한 독소를 분비한다. 오징어는 박테리아가 발하는 형광을 이용하여 포식자로부터 벗어날 수 있다. 달빛이 있을 때는 박테리아가 발산하는 빛을 바다 쪽으로 비추게 하여 "스텔스 모드"(stealth mode)로 들어갈 수 있기 때문에 포식자로부터 발각되지 않을 수 있다. 박테리아가 배가 고프면 오징어에게는 해롭지 않은 독소를 분비하여 오징어가 먹이를 제공하도록 유도한다.

VI. 창조신앙의 기초

날카로운 이빨과 발톱

날카로운 이빨과 발톱을 가진 동물을 보면 포식성이 있는 것처럼 보인다. 그러나 이러한 구조는 과일의 표피를 뚫기 위한 용도로 사용되는 경우가 있다. 어떤 박쥐는 곤충을 먹고, 어떤 박쥐는 다른 동물의 피를 빨아 먹고 산다. 그런데 과일과 꿀을 먹고 사는 박쥐도 있고, 과일만 먹는 박쥐도 있다. 이들도 날카로운 이빨과 발톱을 가지고 있다. 이러한 박쥐는 처음부터 초식성으로 타고난 것이다. "땅의 모든 짐승과 하늘의 모든 새와 생명이 있어 땅에 기는 모든 것에게는 내가 모든 푸른 풀을 먹을거리로 주노라 하시니 그대로 되니라"(창 1:30).

기생 생물

기생 생물(parasite)은 숙주라고 불리는 다른 생물에 기생하여 살아간다. "parasite"라는 단어는 "다른 사람의 식탁에서 먹는 사람"을 뜻하는 그리스어 단어에서 유래되었다고 한다. 예를 들면, 말라리아는 말라리아 모기에 물린 사람의 간이나 적혈구에 기생하여 사는 단세포 생물이다. 이 생물은 적혈구의 혈색소를 먹으며 사람의 면역 체계를 이용하여 살아간다.

아담이 범죄하기 전에는 기생 생물이 없었을 것이다. 많은 기생 생물이 단세포성인데, 대부분 세포의 한쪽에 갈고리나 흡반을 가지고 있는 것을 보면 심판받을 때 많은 유전 정보를 잃었을 수 있다. 기생 생물을 볼 때 우리는 로마서 8장 20-22절에 기록된 대로 피조물이 "탄식하며 함께 고통을 겪고 있는" 상태인 것을 기억해야 할 것이다.

판다의 소화 기관

육식 동물의 소화 기관은 길이가 짧지만, 초식 동물의 소화 기관은 길기 때문에, 먹이에 들어 있는 섬유소를 많이 소화할 수 있다. 판다는 다른 곰과 마찬가지로 소화 기관의 길이가 짧지만, 주로 초식성 먹이를 먹으며 살아간다.

포식자와 피식자 관계

아담과 하와가 범죄하기 전에는 죽음이 없었다. 즉, 하나님이 창조하신 세계에는 포식자도 피식자도 없었다. 포식 동물이라 하더라도 곰이나 박쥐처럼 식물을 먹고 사는 종류만 있었다. 개와 고양이처럼 집에서 기르는 동물은 대부분 옥수수를 먹으면서 살아간다. 같은 종류에 속하는 동물 중에 포식성도 있고 초식성도 있다는 것은 "심히 좋았던" 환경이 범죄로 타락했음을 나타낸다.

인종과 언어의 기원

성경은 모든 사람이 한 가족으로부터 유래했다는 사실을 보여 준다. 과학 또한 이 사실을 뒷받침하고 있다.

"인류의 모든 족속을 한 혈통으로 만드사 온 땅에 살게 하시고 그들의 연대를 정하시며 거주의 경계를 한정하셨으니"(행 17:26).

예를 들면, 창세기에는 "아담이 그의 아내의 이름을 하와라 불렀으니 그는 모든 산 자의 어머니가 됨이더라"(창 3:20)라고 기록되어 있다. 세포 내의 미토콘드리아는 모계의 난자에서 유래하며, 모계로만 유전된다. 인종 간의 미토콘드리아 DNA 변이를 연구해 보면, 모든 사람은 성경에 기록된 대로 한 사람의 여자로부터 내려왔음을 알 수 있다. 미토콘드리아 유전체는 불안정한데, 돌연변이 모델에 관한 컴퓨터 시뮬레이션 결과 사람의 미토콘드리아 유전체는 오래되지 않은 것으로 밝혀졌다. 이는 성경의 기록과도 일치한다.

Y염색체는 아버지에게서 아들로만 유전되는데, Y염색체를 연구한 결과 모든 남자는 한 사람의 남자로부터 내려왔음이 밝혀졌다. 혈액형 연구, 유전적 돌연변이 연구 등의 결과는 사람이 진화된 것이 아니라, 성경에 기록된 대로 완전한 모습으로 창조되었다는 것을 뒷받침한다.

인종

사람은 창조 이후 바벨탑 사건으로 흩어져 인종으로의 변이가 일어났다. 사람은 모든 족속이 한 혈통으로 만들어졌다(행 17:26). 다른 족속으로 만들어진 것이 아니다. 사람은 외모도 다르고 특징도 다르지만 피부색이 다른 것은 아니다. 피부색은 멜라닌이 없어서 하얀색을 나타내는 특별한 경우가 아니라면 피부 아래에 멜라닌이 얼마나 있는지에 따라 결정된다. 어떤 사람들은 다른 사람보다 멜라닌의 양이 많다. 결론적으로 사람은 같은 피부색을 가지고 있으며 색소의 양이 달라서 다르게 보이는 것뿐이다.

VI. 창조신앙의 기초

사람들이 흩어지다

대홍수 이후 하나님은 방주에서 나온 8명의 노아 가족에게 "생육하고 번성하여 땅에 충만하라"(창 9:1)고 명령하셨다. 그러나 그들의 후손은 도전적인 지도자 니므롯의 지도하에 자신들의 이름을 널리 알리고 온 땅에 흩어지지 않기 위해 바벨탑을 쌓았다. 그러나 하나님이 그들의 언어를 혼잡하게 하시어 서로 간에 의사소통이 되지 않도록 하셨다. 결국 사람들은 온 세상에 흩어지게 되어(창 11:7-8) 오늘날 우리가 알고 있는 인종 집단으로 분화하게 되었다.

유전적 무질서

열역학 제2법칙은 엔트로피 증가 법칙이라고도 한다. 이것은 우주 내의 모든 물질이 안정한 상태에 있는 것이 아니라, 시간이 흐름에 따라 점점 무질서하게 변해 간다는 법칙이다. 심판 이후 사람도 이 법칙에서 예외가 될 수 없었다. 우리의 유전 정보도 질서 상태에서 무질서 상태로 변하고 있다. 세대를 거듭하면서 유전자 돌연변이가 점점 증가하고 있다. 유전학 연구에 의하면, 사람은 성경의 족보 정도로만 오래되었다는 사실이 밝혀졌다. 만약 사람이 아주 오래전에 창조되었다면, 지구 상에서 이미 멸절되었을 것이다.

언어

창세기 10장에 나타난 족보를 보면, 바벨탑 사건 이후 약 70개의 족속이 전 세계로 흩어졌다. 언어학 연구에 의하면, 성경에 기록된 대로 언어를 약 70가지 유형으로 구분할 수 있다고 한다.

창조 설계

이 세상은 일반적으로 야생성을 가지고 있으며 자연에 있는 모든 것이 특정한 법칙을 따르고 있다. 복잡한 구조와 체계는 지적 설계 없이 자연 상태에서 우연히 나타나지 않는다. 무질서한 상태에 에너지가 들어가지 않으면 복잡하고 질서 정연한 상태로 변할 수 없다. 따라서 현재의 질서 정연한 세상은 하나님이 설계하신 것이라고 할 수 있다. 이 세상이 창조주의 법칙대로 질서 정연하게 창조되었다는 것을 설명하는 책은 많지 않지만, 몇 가지 예를 통해 하나님의 정교하고 능력 있고 헌신적인 창조 섭리에 대해 알아볼 수 있다.

시간과 계절

창세기 8장 22절을 보면 "땅이 있을 동안에는 심음과 거둠과 추위와 더위와 여름과 겨울과 낮과 밤이 쉬지 아니하리라"라고 기록되어 있다. 기후와 낮의 길이는 지역마다 다르지만, 지구 전체적으로 보면 일정한 법칙에 따라 변한다. 이 법칙은 아무렇게나 일어나는 것이 아니다.

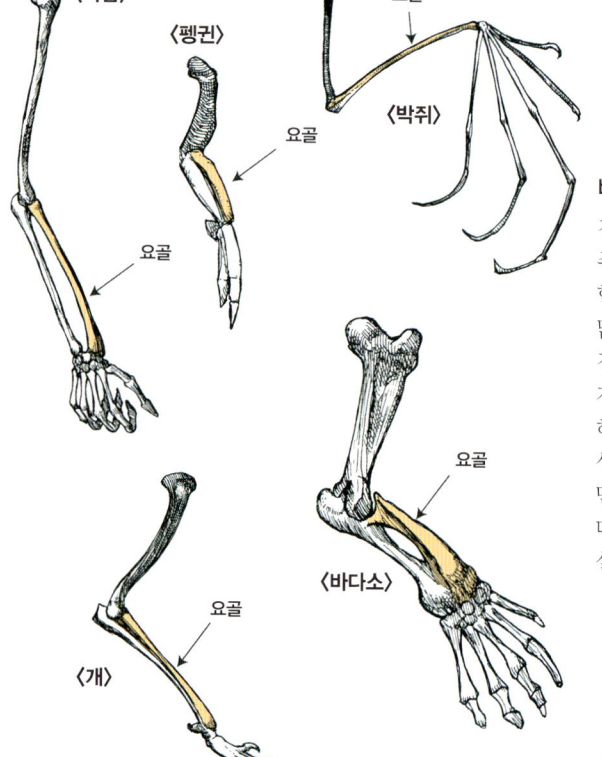

비슷한 부분에는 비슷한 설계

진화론자들은 생물에 비슷한 점이 있으면 공통 조상에서 유래했기 때문이라고 주장하려는 경향이 있다. 그러나 비슷한 기관은 비슷하게 설계되었기 때문이라고 할 수 있다. 예를 들면, 사람의 앞 팔에는 요골이라는 뼈가 있는데, 펭귄, 개, 박쥐 등 많은 동물이 이 뼈를 가지고 있다. 서로 비슷한 곳에 있는 관절이나 뼈는 공통 조상에서 진화된 것이 아니라 비슷하게 설계된 것이다. 자동차를 설계하는 사람은 기본적으로 자동차가 4개의 바퀴를 가지도록 설계한 후 기본 설계도를 다른 차종에도 사용한다. 하나님도 이처럼 한 생물의 설계도를 다른 생물을 설계할 때 그대로 사용하셨을 것이다. 생쥐와 개구리도 요골을 가지고 있지만 발생학적으로는 전혀 다르게 발달한다. 만약 이들이 같은 조상에서 진화되었다면, 요골이 같은 조직에서 발달해야 할 것이다. 다른 조직에서 발달한다는 사실은 이들이 설계되었다는 증거다. 설계는 설계자가 하는 것이다.

VI. 창조신앙의 기초

세밀한 설계

사람의 손처럼 다재다능하게 움직일 수 있는 기관은 없을 것이다. 손을 보면 분명히 설계되었다는 것을 알 수 있다. 손가락뼈의 길이는 피보나치수열을 따른다. 손끝에서 첫 번째 뼈마디와 두 번째 뼈마디의 길이를 더하면 세 번째 뼈마디의 길이와 같고, 두 번째 뼈마디와 세 번째 뼈마디의 길이를 더하면 네 번째 뼈마디의 길이와 같다(손바닥을 뒤집어서 쟀을 때). 사람의 손은 강도와 세밀함에 있어서 움직이는 황금나선이라고 할 수 있다. 손을 움직이는 근육은 앞 팔에 있으며, 손바닥은 무엇이든지 붙잡을 수 있는 구조로 되어 있다. 손가락은 서로 겹쳐서 쥐어짤 수 있는 구조로 되어 있는데, 손가락 관절을 나란히 배열하면 손가락 사이가 너무 크게 벌어진다. 사람의 손가락은 길이와 강도가 원숭이의 손과는 다르게 물건을 붙잡을 수 있는 최적의 상태로 설계되었다. 손가락을 깍지 끼면 서로 움직이지 않는다. 이러한 강도는 손가락이 안정되게 붙잡을 수 있는 구조로 되어 있기 때문에 가능한 것이다. 사람은 어떻게 타이핑을 빨리 할 수 있을까? 뇌는 3단계 앞서 손가락을 움직이도록 명령하고 있다. 이를 통해 손이 하나님이 특별한 목적으로 정교하게 설계하신 하나님의 작품임을 알 수 있다.

우리가 음식을 먹는다는 것은 곧 태양의 에너지를 먹는 것이다. 식물이 성장하려면 태양 빛이 필요하다. 사람과 동물은 살기 위해 식물을 먹는다. 우리는 동물을 먹기도 하지만 이것도 태양 에너지를 흡수한 식물을 먹은 동물을 먹는 것이므로 간접적으로 태양의 에너지를 먹는 것이라고 할 수 있다.

완벽한 준비

어떤 일이 일어나려면 에너지가 필요하다. 하지만 모든 형태의 에너지가 모든 목적에 필요한 것은 아니다. 예를 들면, 나무를 태우는 것은 에너지가 사용되는 것이지만 사람이 불을 먹고 살 수는 없다. 마찬가지로 사과를 태우는 것은 집 안의 온도를 높이는 데는 소용없는 일이다. 하나님은 아담에게 "내가 온 지면의 씨 맺는 모든 채소와 씨 가진 열매 맺는 모든 나무를 너희에게 주노니 너희의 먹을거리가 되리라"(창 1:29)라고 하셨다. 하나님은 사람을 위하여 특별한 음식을 준비하셨다. 그것도 한 가지만 준비하신 것이 아니라 다양하게 준비하셨다. 사람을 위해 이 모든 일을 하신 것이다. 하나님은 우리에게 "생육하고 번성하여 땅에 충만하고 모든 생물을 다스리는 권한"(창 1:28)을 주셨다.

자연에 나타난 수

수학은 매우 흥미로운 분야다. 수학자들은 숫자가 어떻게 작동되는지를 밝혀냈다.
피보나치(Leonardo Fibonacci)라는 수학자는 1202년에 『주판서』(Liber Abaci)를 저술하여 "피보나치수열"을 유럽에 소개했다. 이 수열은 앞의 두 수의 합이 바로 뒤의 수가 되는 수의 배열을 말하는데, 이 수열을 소개한 피보나치의 이름을 따서 피보나치수열이라고 한다. 이전에는 인도 수학에서 이와 유사한 수열에 대하여 설명된 적이 있다. 진화론에서는 수학 법칙이 어떻게 발전하는지 설명할 수 없다. 그러나 창조주 하나님의 지적 능력에 의해서는 수학 법칙이 쉽게 설명될 수 있다.

피보나치의 『주판서』 오른쪽 박스 부분에 피보나치수열에 관한 설명이 적혀 있다.

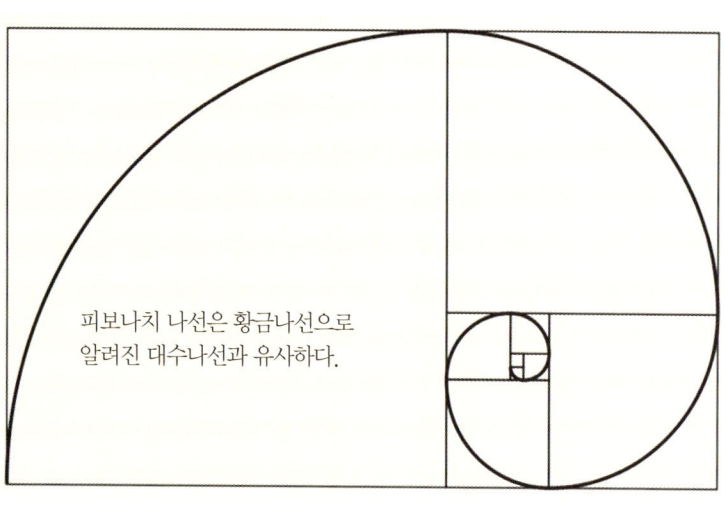

피보나치 나선은 황금나선으로 알려진 대수나선과 유사하다.

$$F_n = F_{n-1} + F_{n-2}$$

초기 값

$$F_0 = 0, F_1 = 1$$

피보나치 공식

0, 1, 1, 2, 3, 5, 8, 13, 21, 34, 55, 89, 144 . . .

피보나치수열
처음 두 수는 각각 0과 1이며 그 이후의 수는 앞의 두 수를 더한 값이다.

VI. 창조신앙의 기초

눈 결정은 자연에서 발견하는 수학이라고 할 수 있다. 급격히 냉각된 수증기는 서로 결합하여 복잡하고 아름다운 격자 모양의 결정체를 만든다. 눈송이는 수학적 알고리즘에 나타나는 그래프처럼 스스로 반복되는 프랙탈(fractal) 구조를 만든다. 왜 이렇게 되는 것일까? 자연에서 수학 법칙에 따라 눈송이가 만들어지는 것은 하나님의 마음이 반영된 것이다. 우연히 생겨난 우주가 수학 법칙을 따를 이유가 있을까?

피보나치수열은 나뭇가지의 배열, 국화 꽃잎의 배열, 가지에 달린 잎의 배열, 솔방울 비늘의 배열 등 자연에서 많이 나타난다. 자연에서 나타나는 이러한 증거는 설계자가 있다는 것을 나타낸다. 자연이 수학 법칙에 따르는 것은 수학 법칙을 만든 하나님을 증거하는 것이다.

대수나선은 자연에 나타나는 나선의 한 형태로, 프랑스의 철학자인 데카르트(René Descartes, 1596-1650)가 처음 기재했고, 스위스의 수학자인 베르누이(Jacob Bernoulli, 1655-1705)가 이에 대해 자세히 설명했다. 앵무조개, 브로콜리, 나선형 은하 등은 자연에서 나타나는 대수나선의 좋은 예다.

특별하게 창조된 인간

성경에는 사람이 다른 피조물들과는 분명히 다른 독특한 존재라고 분명하게 기록되어 있다. 물론 사람의 외모와 유전 정보는 동물과 다르지만, 유전자가 사람의 본성을 결정하는 것은 아니다. 하나님은 자기 형상, 곧 하나님의 형상대로 사람을 창조하셨다(창 1:27). 이것이 바로 사람과 동물의 근본적인 차이점이다. 사람은 하나님의 형상대로 지어진 존재이기에 다른 생명체보다 훨씬 복잡하게 행동한다. 사람은 예술적으로 상상하며 건물을 지을 수 있고, 자신의 역할에 신중하며, 낯선 사람을 동정하기도 한다.

사람은 하나님과 연결되어 있다는 점에서 다른 동물과 전혀 다른 존재다. 사람은 하나님을 예배하기 위해 창조된 하나님의 가장 중요한 보물이다. 하나님은 우리를 너무나도 소중하게 여기셔서 우리를 대신하여 죽기까지 하셨다. 이를 통해 사람이 다른 동물과 완전히 다른 피조물로 창조되었음을 알 수 있다. 하나님은 우리를 창조하셨고, 구원하셨고, 지금까지 보호하고 계신다. 그러므로 우리는 하나님을 온전히 예배하고 감사드려야 한다.

전 세계 어디에서나 볼 수 있는 아름다운 꽃과 마찬가지로, 사람의 눈동자 색깔은 생존에 유리하거나 불리하기 때문에 진화된 것이 아니다. 꽃이나 눈동자의 색깔은 하나님의 품위와 하나님의 아름다움을 보여 주는 것이므로 오히려 감사해야 할 것들이다.

"하나님이 이르시되 우리의 형상을 따라 우리의 모양대로 우리가 사람을 만들고 그들로 바다의 물고기와 하늘의 새와 가축과 온 땅과 땅에 기는 모든 것을 다스리게 하자 하시고 하나님이 자기 형상 곧 하나님의 형상대로 사람을 창조하시되 남자와 여자를 창조하시고 하나님이 그들에게 복을 주시며 하나님이 그들에게 이르시되 생육하고 번성하여 땅에 충만하라, 땅을 정복하라, 바다의 물고기와 하늘의 새와 땅에 움직이는 모든 생물을 다스리라 하시니라"(창 1:26-28).

작은 "창조자"

동물도 사람처럼 집을 짓고 댐을 만든다. 그러나 동물은 하나님이 그들에게 주신 본능에 따라 그러한 일을 하는 것이다. 사람만이 유일하게 생각하면서 일할 수 있고, 아름다움을 추구하려는 목적으로 무엇을 만들 수 있다.

VI. 창조신앙의 기초

하나님의 형상
성경은 사람의 몸은 동물과 마찬가지로 흙으로 만들어졌다고 한다(창 2:7, 19). 그리고 사람과 동물은 모두 "혼"(soul, 히브리어 "네페쉬"[nephesh])과 "영"(spirit, 히브리어 "루아흐"[ruach], 호흡)을 가지고 있다고 한다. 하지만 사람만이 "하나님의 형상"(창 1:27)대로 만들어졌다. 그것이 예수 그리스도가 사람의 모습으로 오신 이유다.

하나님을 예배하기 위해서
사람만이 유일하게 누군가를 예배할 수 있다. 사람의 본성은 우리의 창조주 하늘에 계신 하나님과 연결되어 있다. 창세기 3장 8절을 보면 "그날 바람이 불 때 동산에 거니시는 여호와 하나님"이라는 말씀이 있다. 이는 하나님이 정기적으로 피조물과 연락하셨다는 뜻이다. 그러나 아담과 하와가 범죄한 이후 이러한 관계가 끊어졌다. 사람은 우상을 숭배하면 하나님과의 끊어진 관계가 회복될지도 모른다고 생각하며 쓸데없는 노력을 해왔다. 감사하게도 하나님은 예수 그리스도로 이 땅에 오셔서 죽으시고 부활하심으로 우리와의 관계를 회복해 주셨다. 이 때문에 우리가 하나님을 예배해야 하는 것이다.

하나님의 창조 세계 지킴이
하나님은 첫 사람 아담과 하와를 창조하셨을 때 그들에게 이 땅을 관리하도록 위임하셨다. 그러한 위임은 우리에게도 주어졌다. 그런데 하나님은 우리에게 탐욕적인 목적으로 이 땅을 다스리라고 말씀하지 않으셨다. 우리에게는 모든 피조 세계를 잘 관리해야 할 의무가 있다. 1) 생물의 생태계를 포함하여 모든 환경을 잘 보존해야 하고, 2) 사람의 생명을 의도적으로 파괴하는 과학 기술을 실험에 사용하지 말아야 한다. 3) 사람의 고통을 완화하기 위한 목적으로만 생물공학 기술을 적용해야 한다. 사람에게 유전자 조작과 인공두뇌 기술을 적용하여 초인적 존재로 만들려는 시도는 하지 말아야 한다.

찾아보기

ㄱ
가루받이 23, 72
간격설 103
갈라파고스 섬 93
거대층서 31
검치호 46
게놈 96
결혼 109
계통수 39, 81, 93, 100
공룡 27-29, 33, 36-41, 46, 50, 52, 72, 86-89, 94-95
공통 조상 39, 79, 81, 92-94, 96, 114
관성의 법칙 57
광물질 36-37, 40
광합성 75
구전 현상 105
귀신 105
그랜드캐니언 30-31, 35
그레이 절벽 30
그리스 신화 89
그린리버층 41
금성 60, 62, 105
기가노토사우루스 86
기생 생물 111
길가메시 서사시 49
꼬리뼈 99
꿀벌 23, 85

ㄴ
나선 은하 65
날-시대설 103
노아 26-30, 32, 36-37, 41, 44, 46, 48-49, 80, 87, 102, 113
뉘른베르크 연대기 48
뉴런 85
뉴턴 56-57
니므롯 113

ㄷ
다윈 37, 39, 79, 81, 92-94, 100, 103
다이아몬드 51
단속평형설 38
대부정합 30
대수나선 116-117
대장균 110
대진화 38
대합조개 27, 33, 36-37, 39, 87
데칸 트랩 43
도마뱀붙이 85
돌연변이 38-39, 92, 112-113
동면 29
동위원소 50
동일과정설 31-32, 92
두개골 51, 88, 95-97
드라코렉스 호그와트시아 88
DNA 19, 40, 73, 77, 99, 112
딜로포사우루스 86

ㄹ
랜스층 40
루시 97

ㅁ
마나슬루 봉 42
만년설 44, 46
매머드 47
맨틀 43
명왕성 60
모낭 돌기 95
모사사우루스 36, 40-41
목성 60-62
묘성 65
묘족 48
무스사우루스 87
미라 51
미토콘드리아 77, 112
밀러-유레이 실험 101

ㅂ
바다소 114
바람개비 은하 65
바벨탑 88, 112-113
박테리아 37, 41, 72, 76, 110
반감기 50
방사성 동위원소 연대측정법 45, 52-53
방사성 탄소 연대측정법 40-41, 50-52
방사성할로 53
배아 99-100
백향목 86
버밀리온 절벽 30
베헤못 86
변이 29, 38, 78-82, 93, 112
별똥별 104
보데 은하 65
불가사리 37
브라이스캐니언 30
비글호 92-93
비라코차 49
비브리오 110
비장 98
비틀즈 97
빅뱅 21, 58-59, 67
빙하기 33, 36, 41, 46-47, 87

ㅅ
사랑니 99
사우로포드 86-87, 89
사층리 31, 33
산호랑나비 82
삼엽충 27, 38-39
상대성 이론 68-69
상형 문자 51, 88-89
샌안드레아스 단층 42
생체 모방 84
세인트 피터 사암층 31
세인트헬렌스 산 26-27, 44-45, 52
소용돌이 은하 65
수각류 공룡 95
수성 60, 62
수지 37
스턴버그 40
스테고사우루스 87-88
스텔스 모드 110
시냅스 85

시노사우롭테릭스 32, 87
시리우스 63
시조새 33, 94

ㅇ

아담 102, 104, 108-112, 115, 119
아라랏 산 29
아르디 97
아르젠티노사우루스 87
아르크투루스 63
아브라함 102
아인슈타인 68-69
아프리카 코끼리 86
알로사우루스 87
RNA 73, 77
알프레드 러셀 왈라스 93
암모나이트 39, 50
앙코르 와트 88
앵무조개 117
양자 역학 58, 68
에베레스트 산 26-27, 36
엔켈라두스 60
엔트로피 56, 113
엘라스틴 40-41
열역학 제1법칙 56-57
열역학 제2법칙 56-57, 113
오로라 104
오르니톨레스테스 86
오스본 40
오스트랄로피테쿠스 97
외계인 104-105
요골 114
용 87-89
우주 마이크로파 배경복사 58
울트라사우루스 87
유사 분열 77
유성 104
UFO 104-105
유연관계 81
유카나무 72
유카나방 72
율법 108
이구아나 79
이다 97
이리듐 플레어 105
이산화탄소 61, 74-76

이슈타르 문 88
인공위성 105
인종 112-113

ㅈ

자연선택 72, 92-94
자이언캐니언 30
작용-반작용의 법칙 57
저탁류 26
적색편이 59
조앤 롤링 88
종의 기원 92-94, 103
주걱철갑상어 41
주판서 116
중국의 12궁도 89
중력 21
지동설 61

ㅊ

찰스 라이엘 92-93, 103
창세기 18, 22-23, 26, 29, 31-32, 46, 48, 76, 78, 80, 86-87, 96, 102-104, 108-109, 112-114, 119
척추 96-97
천동설 61
천왕성 60-62
초신성 67
충수 98
치환 36-37, 82
침팬지 96

ㅋ

카마라사우루스 86
캄브리아기 대폭발 30, 39
케라토사우루스 87
케라틴 41
케플러 61
코리토사우루스 87
코코니노 사암층 31
콜라겐 40-41
콤프소그나투스 86-87
퀘이사 67

ㅌ

태양계 60-61
태핏 사암층 31
토로사우루스 86
토성 60-62
트로이 전쟁 48
트리케라톱스 87
티라노사우루스 40-41, 87
틱탈릭 94

ㅍ

판구조론 42-43
판다 111
페르세우스 89
폴룩스 63
폴립테루스 세네갈루스 85
풍화 작용 36
플라즈마 65
피나투보 화산 47
피보나치수열 115-117
핀치새 79, 93

ㅎ

하드로사우루스 40-41, 50
하와 108-112, 119
하틀리 제2혜성 61
해리 포터 88
해왕성 60-62
헤모글로빈 40-41
헤켈 100
헬 크리크 지층 40, 50
호모 하빌리스 95
호박 37
혼 안테나 58
홍수 26-33, 36-39, 41-44, 46-49, 87-88, 102, 113
홍수 전설 48
화구 104
화석 19, 26-27, 31-33, 36-41, 86-88, 92-97
화석 기록 38-39, 92
화성 60, 62
화이트 절벽 30
히말라야 산맥 42

기고자 소개

헨리 모리스 3세 Henry M. Morris III
목회학 박사, CEO

헨리 모리스 3세 박사는 루터라이스신학대학원 목회학 박사와 페퍼다인대학교 MBA를 포함하여 4개의 학위를 가지고 있으며, 페퍼다인대학교 MBA 총장까지 지낸 저명한 학자다. 미국창조과학연구소(ICR) 설립자의 큰아들이며, 대학 교수, 교회 담임목사, 사업가 등을 역임했다. 수년간 저술 활동과 학회 활동에 매진하고 있다.

존 모리스 John D. Morris
이학 박사, 명예 연구소장

존 모리스 박사는 노아의 방주를 발견하기 위한 아라랏 산 탐험 원정대 대장으로 더 잘 알려져 있다. 1980년 오클라호마대학교에서 지질공학으로 박사 학위를 받았고, 같은 대학에서 교수를 역임한 후 1984년에 ICR에 합류했다. ICR에서 지질학 교수로 재직하다가 1996년에 연구소 소장이 되었고, 현재 명예 연구소장을 역임하고 있다.

제임스 존슨 James J. S. Johnson
법학 박사, 신학 박사, 교무처장

제임스 존슨 박사는 듀크대학교 로스쿨에서 공부했고, 1984년 노스캐롤라이나대학교에서 법학 박사 학위를, 1996년에는 신학 박사 학위를 받았다. 대학에서 신학과 자연과학을 복수 전공했고, 성경 언어학 전공으로 장학금을 받았다. 1982년에는 미국성경학회에서 주는 상을 수상했다. 현재 ICR에서 개설한 성경 변증학교의 교무처장을 맡고 있다.

제이슨 리슬 Jason Lisle
이학 박사, 연구소장

제이슨 리슬 박사는 오하이오웨슬리안대학교에서 물리학과 천문학을 복수 전공했고, 수학을 부전공했다. 그리고 최우등으로 졸업했다. 콜로라도대학교에서 천체물리학으로 이학 석사, 이학 박사 학위를 받았다. 태양계 천체물리학 분야의 전문가로서 태양계의 광구와 관련된 과학적 발견을 많이 했으며 이 분야 발전에 큰 공헌을 했다.

나다니엘 진슨 Nathaniel Jeanson
이학 박사, 생명과학 분야 부소장

나다니엘 진슨 박사는 2009년에 하버드 의대에서 세포발생학 분야를 연구하여 이학 박사 학위를 받았다. 하버드 의대에서는 성체 줄기세포 연구, 특히 비타민 D가 혈액 줄기세포에 어떠한 영향을 미치는지에 대해 연구했다. 위스콘신대학교 파크사이드 캠퍼스에서 분자생물학 및 생물정보학 전공으로 이학사 학위를 받은 바 있다.

기고자 소개

랜디 굴리우자 Randy Guliuzza
의학 박사

랜디 굴리우자 박사는 사우스 다코타 스쿨 오브 마인스 앤드 테크놀로지(South Dakota School of Mines and Technology) 공대에서 이학사 학위를, 무디 성경학교에서 신학으로 문학사 학위를 받았다. 또한, 하버드대학교에서 공중위생 분야 석사 학위를, 미네소타대학교에서 의학 박사 학위를 받았다. 굴리우자 박사는 해군 토목 부대에서 9년간 복무했으며 전문 기사로 등록했다. 2008년에 미 공군에서 군의관과 항공 의무대 책임자로 근무하다가 대령으로 전역했다.

제프리 톰킨스 Jeffrey Tomkins
이학 박사, 연구원

제프리 톰킨스 박사는 아이다호대학교에서 식물학을 전공했고, 식물 호르몬 연구로 석사 학위를 받았다. 1996년에는 클렘슨대학교에서 유전학 전공으로 이학 박사 학위를 받았다. 그리고 클렘슨대학교에서 콩의 생리 유전학 분야를 연구하는 육종-유전학 프로그램의 연구 기사로 근무했다.

레오 제이크 허버트 3세 Leo (Jake) Hebert III
이학 박사

레오 제이크 허버트 3세 박사는 1999년 텍사스A&M대학교에서 물리학 석사 학위를 받았다. 1995-1996년에는 학장 추천 대학원생 연구팀에서 광학을 연구했다. 2011년 달라스에 위치한 텍사스대학교에서 맑은 날씨에 대기 중의 전기와 기후가 어떠한 관련이 있는지를 연구하여 이학 박사 학위를 받았다.

프랭크 서린 Frank Sherwin
문학 석사, 선임연구원, 전임강사, 과학 저술가

프랭크 서린은 1978년 콜로라도 주 거니슨에 위치한 웨스턴스테이트대학에서 생물학사 학위를 받았다. 노던콜로라도대학교 대학원에 입학한 후 미국에서 제일 저명한 기생충학자인 제럴드 슈미트(Gerald D. Schmidt)의 연구실에서 연구를 수행했다. 대학원 재학 중에 기생충 신종을 발견하여 진화론적 학술지에 논문을 발표했으며, 1985년 동물학 석사 학위를 받았다.

브라이언 토마스 Brian Thomas
이학 석사, 과학 저술가

브라이언 토마스는 1993년 텍사스 주 나코그도치스에 위치한 스티븐 F. 오스틴주립대학교에서 생물학을 전공하여 학사 학위를 받았다. ICR에서 대학원 과정을 시작한 직후 스티븐 F. 오스틴주립대학교로 돌아갔으며, 1999년 생물공학 석사 학위를 받았다. 고등학교와 대학에서 생물학 및 화학을 가르쳤다.

미국창조과학연구소(ICR) 소개

헨리 모리스

1970년에 헨리 모리스 박사가 설립한 미국창조과학연구소(ICR, Institute for Creation Research)는 기원과 지구의 역사에 관한 과학적 연구를 수행해 왔다. 또한, 다양한 훈련 프로그램, 학술대회, 미디어 발표, 출판 등을 통해 교육 사역에 전념해 왔다. ICR은 다음의 세 가지 목적으로 설립되었다.

연구 : ICR은 실험실 연구, 현장 연구, 이론적 연구, 자료 연구 등을 통하여 기원과 지구의 역사에 관한 과학적 연구를 수행해 왔다. ICR 과학자들은 지질학, 유전학 등 다양한 분야에서 RATE 프로젝트(Radioisotopes and the Age of the Earth), FAST 프로젝트(Flood-Activated Sedimentation and Tectonics), 인간 유전체 연구와 같은 연구 프로젝트를 수행해 왔다.

교육 : ICR은 창조과학과 성경적 권위를 바탕으로 현실 세계를 변증학적으로 볼 수 있도록 세미나와 다양한 훈련 과정을 통해 사람들을 교육하는 프로그램을 진행해 왔다. 또한, 학위를 수여하지 않는 1년 과정으로 창조론 세계관 학교도 운영해 왔다.

소통 : ICR은 연구 결과와 관련된 정보를 제공하기 위해 책, 비디오, 정기 간행물 등을 출간해 왔다. ICR의 주요 간행물인 『Acts & Facts』는 25만 명의 독자에게 무료로 배포되는 잡지로 컬러로 인쇄된다. 웹사이트(www.icr.org)에서는 가장 적절한 창조과학 내용을 주기적으로 갱신하여 제공하고 있다.

사진 제공

t-top; m-middle; b-bottom; c-center; l-left; r-right

Bigstock Photo: 18, 19, 20, 21t, 22t,bl,mr,br, 23tr, 23mc, mb, mr, 26, 27t, l, 28b, 29m, 30b, 31b, 33tl, tr, b, 34-35, 37tl, bl, br, 38t, 39tl, tm, lc, lb, rb, 42bl, br, 43br, 46tr, ml, 47br, 48r, 49br, 50tr, m, 51tr, b, 52, 56tr, ml, bl, 57m, tr, 58tr, 63tr, 68tr, bl, 69bl, br, 70, 72tr, 73br, 74, 75, 76bl, br, 77ml, 78, 79bl, bm, br, 80bm, br, 81, 84l, 85, 86, 87tl, m, b, 88tr, 89tl, bl, 90-91 (silhouette), 92r, 94t, 95tr, 96bl, 97bm, br, 98bl, tr, 99bl, br, tr, 101tl, bl, 103 (background), 104tr, 105m, tr, 106-107, 108, 109, 110, 111tr, m, mr, br, bl, bm, 112, 113t, 114tr, tl, bm, br, 115, 117tl, mr, 118tr, bl, 119

Fotolia: 22bc, 23mt, mr, 29b, 46b, 79ml, 84br, 105br, 111tl

Jens L. Franzen, Philip D. Gingerich, Jˆrg Habersetzer1, J¯rn H. Hurum, Wighart von Koenigswald, B. Holly Smith (Wikipedia): 97

Google Earth: 28t

ICR: 27 br, 29t, 32, 36-37m, tr, 38ml, 39mr, 41mr, 50b, 51tl, 53tl, mr, 82, 83, 95br, 114bl

iStock Photo: 21b, 51m, 57br, 72br, 73tr, ml, 76bc, 77tr, rm, 79tl, tr, mr, 80l, 88bl, 96tr, tm, bm, br, mrc, 117bl, 118mr

John Morris: 44, 45l

NASA: 23tl, ml, bl, 24-25, 54-55, 58m, b, 59, 60, 61r, ml, 62, 64, 65, 66, 67, 69tl, 90-91 (background), 104bl

National Science Foundation: 94b

Pacific Northwest National Laboratory: 53b

Public Domain: 32b, 40m, b, 46mc, 47mr, 48t, l, 49tr, l, 56r, 57bl, 61tl, 68br, 72mr, 87tr, 92l, 93, 95bl, 97l, 100, 101br, 103mr, 113b, 116

Public Library of Science (PLoS): 40-41t

Daryl Robbins: 89mr

Brian Thomas: 33mr

U.S. Geological Survey: 43tr, 45r, 47tl

The Children's Museum of Indianapolis: 88br

Susan Windsor: 30t, 31tl, tr, 38b, 42t, 43bl, 63b, 76tr, 77b, 99tm, 101tr, 102tr

사명선언문

너희가 흠이 없고 순전하여……세상에서 그들 가운데 빛들로
나타내며 생명의 말씀을 밝혀 _ 빌 2:15-16

1. 생명을 담겠습니다
만드는 책에 주님 주신 생명을 담겠습니다.
그 책으로 복음을 선포하겠습니다.

2. 말씀을 밝히겠습니다
생명의 근본은 말씀입니다.
말씀을 밝혀 성도와 교회의 성장을 돕겠습니다.

3. 빛이 되겠습니다
시대와 영혼의 어두움을 밝혀 주님 앞으로 이끄는
빛이 되는 책을 만들겠습니다.

4. 순전히 행하겠습니다
책을 만들고 전하는 일과 경영하는 일에 부끄러움이 없는
정직함으로 행하겠습니다.

5. 끝까지 전파하겠습니다
모든 사람에게, 땅 끝까지, 주님 오시는 그날까지
복음을 전하는 사명을 다하겠습니다.

서점 안내

광화문점 서울시 종로구 새문안로 69 구세군회관 1층
02)737-2288 / 02)737-4623(F)

강남점 서울시 서초구 신반포로 177 반포쇼핑타운 3동 2층
02)595-1211 / 02)595-3549(F)

구로점 서울시 동작구 시흥대로 602, 3층 302호
02)858-8744 / 02)838-0653(F)

노원점 서울시 노원구 동일로 1366 삼봉빌딩 지하 1층
02)938-7979 / 02)3391-6169(F)

일산점 경기도 고양시 일산서구 중앙로 1391 레이크타운 지하 1층
031)916-8787 / 031)916-8788(F)

의정부점 경기도 의정부시 청사로47번길 12 성산타워 3층
031)845-0600 / 031)852-6930(F)

인터넷서점 www.lifebook.co.kr